热点地区旅行指南

斐济全攻略

FIJI TRAVEL GUIDE

刘扬 主编

人民交通出版社
China Communications Press

图书在版编目（CIP）数据

斐济全攻略 / 刘扬主编. -- 北京 : 人民交通出版社, 2013.6
（热点地区旅行指南）
ISBN 978-7-114-10579-1

Ⅰ. ①斐… Ⅱ. ①刘… Ⅲ. ①旅游指南－斐济 Ⅳ. ①K966.19

中国版本图书馆CIP数据核字(2013)第084694号

书　　名：斐济全攻略
著 作 者：刘扬
责任编辑：毛鹏　徐菲
出版发行：人民交通出版社
地　　址：（100011）北京市朝阳区安定门外外馆斜街3号
网　　址：http://www.ccpress.com.cn
销售电话：（010）85285988　85285997
总 经 销：人民交通出版社发行部
经　　销：各地新华书店
印　　刷：北京市凯鑫彩色印刷有限公司
开　　本：880×1230　1/32
印　　张：8.5
字　　数：228千
印　　次：2013年6月　第1版　第1次印刷
书　　号：ISBN 978-7-114-10579-1
定　　价：28.00元

目录 CONTENTS

120

136

160

194

224

斐济概况
Fiji Overview

斐济概况
Fiji Overview

南太平洋之梦

斐济是个多民族的国家，首都苏瓦。苏瓦是全国政治经济文化中心，南太平洋著名的国际天然良港，可泊万吨轮。斐济是南太平洋岛国中经济实力较强、经济发展较快的国家。斐济重视发展民族经济，制糖业、旅游业和服装加工业是其国民经济的三大支柱。斐济土地肥沃，盛产甘蔗，因此又有“甜岛”之称。斐济渔业资源丰富，盛产金枪鱼。从20世纪80年代起，斐济政府利用得天独厚的自然条件大力发展旅游业。目前，旅游收入约占斐济国内生产总值的20%，是斐济最大的外汇收入来源。斐济全国约有4万人在旅游部门工作，占就业总人数的15%。斐济地处大洋洲与南北美洲海空往来中心，是南太平洋地区的重要交通枢纽。

斐济拥有332座大小不一的岛屿，这些岛屿被环状的珊瑚礁包围，成为鱼儿的天堂。无数奇形怪状、色彩斑斓的海鱼在水里畅游，将大海搅得五彩缤纷。虽然岛屿众多，但是每个都很精致，最大的岛屿是维提岛。在离楠迪机场不远的丹娜努码头，每天都有很多船次前往各个小岛。斐济是旅行者的天堂，世界著名的度假胜地。由于人口稀少、风景秀丽，欧美人士早就把斐济当作度假首选地之一，甚至不少大牌明星也会选择在这里度蜜月。游客在斐济度假时，往往装束随意，在洁白的沙滩上尽情欣赏落日余晖，真是神仙一样的生活。

● 斐济地图

Top 10

■ 无与伦比的地理条件

1. 斐济（又称为斐济群岛），位于西南太平洋中心，是属于南太平洋美拉尼西亚群岛的国家。

2. 斐济地跨东、西半球，180度经线横穿斐济塔韦乌尼岛，是世界上既是最东又是最西的国家。

3. 斐济有着同澳大利亚大堡礁媲美的世界第三大堡礁。岸礁、堡礁和环礁构成斐济不同寻常的地貌。这一切促成了斐济无与伦比的自然奇观。

4. 斐济作为南太平洋地区的交通枢纽，位于新西兰以北，在赤道与南回归线之间。

5. 斐济地处环太平洋地震带，濒临太平洋的大陆边缘，是3亿年前大美拉尼西亚大陆的一部分，是由一些复杂的地壳运动形成的。

6. 斐济包括332个小岛，陆地总面积约为1.93万平方千米。其中106座岛屿有人居住，居民主要居住在维提岛和瓦努来雾岛。

7. 斐济大小岛屿（包括珊瑚岛礁）众多。其中的许多岛屿是如此之小，只能容你在上面步行几分钟。

8. 斐济多数岛屿是千万年前火山活动的结果，而其他的岛屿是由石灰石和珊瑚堆积生成的。

9. 斐济覆盖区域将近130万平方千米，其中只有1.6%，大约1.93万平方千米为陆地面积。

10. 斐济位于南半球。当太阳直射南回归线时，正值北半球的冬至日，我们还在冰天雪地的冬季时，斐济却是夏季。你可以穿着夏装过圣诞节。

■ 魅力无限的斐济岛屿

1. 维提岛（Viti Levu）是斐济最大的岛屿，也是其政治经济文化中心，全国大约70%的人口居住于此。斐济三大城市首都苏瓦、楠迪、劳托卡以及主要机场也都位于此。

2. 瓦努来雾岛（Vanua Levu）是斐济第二大岛，只有维提岛一半的大小。该地区有世界上最好的潜水胜地，瓦努来雾岛也以火山活动而闻名。

3. 塔韦乌尼岛（Taveuni）是斐济第三大岛，是世界上最早看到日出的地方。岛上有茂密的植被、青翠的雨林以及峰峦叠嶂的山脉。180度经线横穿该岛，它被称为斐济的花园之岛。

4. 坎达武群岛（Kadavu Islands）位于维提岛以南，由坎达武主岛和一些较小的岛屿组成，茂盛的热带雨林覆盖全岛，在这里您可以发现本地珍稀的鸟类。

5. 洛迈维蒂群岛（Lomaiviti Islands）位于维提岛以东，由7个主要岛屿组成。这里历史悠久，是欧洲人在斐济定居的第一个岛屿。这里有高耸的山崖和美丽的海滩。

6. 亚萨瓦群岛（Yasawa Islands）是南太平洋上的明珠。20个岛屿组成如碧海明珠一般的岛屿链。大多数人只从美国影片《蓝色珊瑚礁》中看到过它的美景——美丽的蓝礁湖，雪白的沙滩和巍峨的火山。

7. 玛玛努卡群岛（Mamanuca Islands）由众多小岛屿组成。游艇扬起的风帆以及椰树摇曳的海滩都吸引着世界各地的游客。这些岛屿大部分地区绿草如茵，是数量众多的本地鸟类和爬行动物的栖息地。

8. 劳群岛（Lau Islands）由维提岛以东的许多小岛组成。作为火山岛，地貌自然荒芜宛如月球，这里是探险家的乐园。

9. 在莫努岛（Monuisland island）和莫努锐伊岛（Monuriki island）上留下过美国影帝汤姆·汉克斯的身影，那是他在《漂流者》中的角色。今天，这里成为所有来访玛玛努卡群岛的游客必到之地。

10. 丹娜努岛（Denarau Island）是游客来斐济的首选度假地，这里靠一座桥梁连接着大岛。这里与楠迪机场距离较近，超过8家的著名酒店可供游客选择。丹娜努港码头是到周边群岛的主要港口。

寻幽探秘的斐济城镇

1．苏瓦（Suva）—斐济首都，全国的政治、经济、商业中心。

2．楠迪（Nadi）—楠迪国际机场所在地，也是观光客到斐济的第一站。楠迪是通往各地的交通枢纽，四通八达的海、陆、空交通工具可前往各个旅游目的地，对于国际旅客而言非常方便。楠迪机场距市区约六公里。

3．拉巴萨（Labasa）— 北岸的拉巴萨是主要人口聚集中心和港口。该岛出产糖和椰干。

4．劳托卡（Lautoka）— 斐济港口，位于维提岛北岸，自然风景十分美丽。

5．列雾卡（Levuka）— 斐济的第一个首都，也是欧洲人首次登陆之地，位于奥瓦劳岛。

6．那波瓦卢（Nabouwalu）—在瓦努来雾岛西南方，是19世纪欧洲商人用来出口檀香木的重要港口。现在主要为旅行者提供度假休闲服务。

7．瑙苏里（Nausori）— 小镇，位于苏瓦附近的国际机场地区。

8．拉其拉其（Rakiraki）— 小镇，维提岛东北部的旅游中转站。

9．萨武萨武（Savusavu）— 位于瓦努来雾岛，以温泉而著名。

10．辛阿托卡（Sigatoka）— 斐济维提岛的小城镇，在纳武阿河（Navua Creek）、雷瓦河（Rewa）、辛阿托卡河（Singatoka）中肥沃的河谷三角洲地区，该地区主要种植蔗糖、凤梨、棉花、稻米和烟草。

● 苏瓦

● 斐济小岛

悠久传奇的斐济历史

1．在欧洲人到来之前，斐济就已经居住着由美拉尼西亚、密克罗尼西亚和波利尼西亚人相互融合的原住民。公元1500年左右，维提岛的土著居民还创造了他们自己的文化和传统。斐济人在一段时期内和谐相处，但当人口增长，随之而来的部族争斗爆发了，部落间发生战争。

2．在17和18世纪，随着地理大发现，欧洲人开始探索南太平洋。1643年，阿贝尔·塔斯曼在从汤加返回今天印尼西爪哇岛的途中发现了斐济。虽然他没有航行到维提岛，但是他发现了瓦努来雾岛和塔韦乌尼岛，他把看到的斐济小岛称为威廉王子岛。

3．1774年詹姆斯·库克船长来到斐济，他发现了劳群岛以南的小岛瓦托阿岛以及连在一起的环珊瑚礁。

4．1789年，威廉姆·布莱船长也登上了斐济的土地，著名的“仁爱号哗变”就发生在这里。威廉姆•布莱船长是第一个对斐济的大多数岛屿进行考察并且绘制地图的人。此人曾是库克船长第三次太平洋探险船队的随行官员。他在1789年4月28日率船脱离库克船队后，便进行了通过斐济岛链的航行。在这次航行中，他看到了劳群岛的十多个岛屿。在由西北方向通过科罗海时，他观察到了奈赖岛、恩高岛、姆里提基岛、奥瓦劳岛、瓦科亚岛和科罗岛，并差一点撞入马康盖岛北部的珊瑚礁区。行驶在海峡中时，他从右舷地平线上望到了瓦努来雾岛，从左舷望到了维提岛，之后船便进入亚萨瓦群岛北部的广阔海域。布莱记录了他所看到的岛屿情况，回到伦敦后，出版了有关这些岛屿的地图。这之后的一段时期内，这些群岛被叫做“布莱群岛”。

5．1797年，英国传教船“达夫”号在一次长途航行返回途中，从塔希提西行穿过了劳群岛。该船船长詹姆士•威尔逊不仅证实了塔斯曼和布莱的一些发现，又观察到了瓦努瓦巴拉武岛和一些小岛、珊瑚礁。他根据这些新的“发现”，绘出了较完整的斐济地图。

6．1820年2月18日，由“沃斯托克”号和“墨尼”号两艘考察船组成的勘察船队又“发现”了劳群岛最南部的奥诺岛和图瓦纳岛。至此，斐济的“发现”才告结束。

7．1826年第一批传教士到斐济东部劳群岛传福音，1835年英国卫理公会传教士卡弗（Calvert）

也来到了斐济。当时的土著仍处于原始生活形态阶段，部落战争得胜方吞食失败方。卡弗（Calvert）来到斐济时，正赶上胜利方埋葬80具"人肉筵"牺牲者的骷髅。当时也曾有传教士被土著武士抓去吃掉的纪录。之后，欧洲人开始在这一地区开展贸易，来这里购买香檀木和海参。这种贸易对当地土著人产生了重大影响，特别是欧洲人将枪支和火药带入当地部落中。

8．1871年，国王卡考鲍（Cakabau）试图在斐济组成一个西方式的政府，但是没有成功。1874年，他与其他12名部落首领一起将斐济割让给英国。这一时期，基督教为斐济的岛民带来了崭新的生活形态，教堂礼拜、唱诗班赞美合声、神职人员等成为村落生活中不可或缺的部分。基督教义中的谦卑顺服新观念、衣着、时间观念、工作形态也渐渐融入岛民日常生活中。而传教士十分重视的家庭价值也对岛民产生正面影响。

9．随着殖民主义在斐济出现，大批印度劳工从南亚次大陆被带到斐济的许多岛屿上，在那里的甘蔗种植园工作。今天，这些印度同胞构成了斐济人口的重要组成部分，总人口中大约有44%的印度裔斐济人。经过96年的殖民统治（英国于1969年结束殖民统治），斐济于1970年10月10日独立，成为一个独立的共和国。

10．斐济目前也面临着全球性气候变暖的问题，在2009年丹麦首都哥本哈根联合国气候变化大会上，一名斐济代表在谈到因海平面上升而面临消失危险的太平洋岛国时泪洒会场。为了斐济的明天，为了全人类的家园，让我们携起手享受一个真正难忘的绿色假期。

● 斐济风光

● 阿贝尔•塔斯曼

● 斐济沿海岸

背景故事

17世纪大航海时代的阿贝尔•塔斯曼与斐济

阿贝尔•塔斯曼（荷兰语：Abel Tasman，1603年－1659年），荷兰探险家、商人。他生于荷兰格罗宁根。在荷兰东印度公司的资助下，他于1642年和1644年进行了两次成功的远航，发现了塔斯马尼亚岛、新西兰、汤加和斐济。

他于17世纪30年代受雇于荷兰东印度公司，在巴达维亚至摩鹿加群岛的航线上服务。1638年，他将妻子也接到巴达维亚，定居在东方。在其后的数年里，他去过日本。

1642年，他受命去寻找“失落的南方大陆”。11月24日，他发现了塔斯马尼亚岛，并以荷兰东印度总督安东尼•范•迪门之名命名其为“范迪门地”。12月13日，他抵达新西兰南岛，稍作探索后，他误以为这是南美洲的南端，于是继续北上，12月18日，他的船队遭到毛利人的袭击，损失了4名水手。1643年1月21日，他发现了汤加，然后回航，途中发现了斐济。他经过新几内亚岛后，于6月15日回到巴达维亚。

在1644年的第二次航行中，塔斯曼穿过了托雷斯海峡，但是他没有意识到澳大利亚大陆就在南方，因而错过了发现新大陆的机会。他的航行虽然发现了许多地方，但是没能开辟出新的贸易航线。因此，直到一个世纪后詹姆斯•库克重新发现这些地方之后，塔斯曼的功绩才被真正承认。

现在，他的名字被列入最伟大航海家之列，塔斯马尼亚岛和塔斯曼海都是以他的名字命名的。

历史年代表

3500年前，最早迁徙到斐济的是美拉尼西亚人，后来密克罗尼西亚、波利尼西亚人也来到斐济群岛定居，他们之间相互融合。公元1500年，斐济维提岛原住民的后裔，开展农业种植，捕鱼，发展生产，并创造了自己的文化。

1643年荷兰航海者阿贝尔•塔斯曼航行至此，是最先发现斐济的欧洲人（亦有西班牙航海者在塔斯曼前来到斐济之说）。

1774年英国探险者库克发现了斐济的一些岛屿。十八世纪末欧洲人来到大洋洲的时候，这里正处在形成国家的初期阶段。这个阶段是大岛维提岛(Viti Levu)东侧的维拉塔（Verata）、雷瓦（Rewa）和包（Bau）三个地区的竞争时期。

1808年一名从事檀香木贸易的英国人被斐济人俘虏。他发现他们有一种大型的双连体独木舟(drua)，可容纳多达两百人，而且若有适当的风力，这种船只每小时可以航行二十英里！这显示十九世纪的斐济人善于航海，证明了他们是正统的海洋民族。

1835年卫理公会传教士来到斐济。卫理公会传教士是绝对的和平主义者，而异教的斐济战士和酋长则致力于战争，狂热的奉行杀戮和延续他们的食人习俗。

1840年美国远征探险队司令威尔克斯航行到斐济。

1854年，斐济发生了一连串的内战，部落常互结联盟或更换阵营，有些部落甚至渡海远征。漫长的权力斗争最后主要集中在包和雷瓦之间的竞争。

1860年后，大量商人、卫理公会教徒、传教士，潜逃的澳大利亚囚犯来到斐济定居。居于霸权地位的包(Bau)地区领袖卡考鲍(Cakobau)在斐济内战及东加的势力缠斗下，决定信教，此后情势便有所转变。

1871年后，酋长卡考鲍控制了斐济大部分地区，结束了各种各样的部族冲突。他在邻国汤加的国王图普一世的帮助下，一度赢得了斐济的和平。

1874年10月10日，斐济沦为英国的领地，此后一直是英国的殖民地。

1970年10月10日它成为英联邦中的一个独立国家。斐济到处充满着海洋的原始美感。近年来由于观光业的发展，海岸地区多已开发为现代化的休闲度假区，饭店、俱乐部与酒吧林立。

1997年9月30日，斐济恢复英联邦成员资格。

1998年7月27日，斐济实施新宪法，改国名为“斐济群岛共和国”。

● 斐济历史图片

● 卡考鲍

背景故事

斐济酋长卡考鲍

卡考鲍（英文：Seru Epenisa Cakobau，1815年－1883年），斐济酋长，在汤加的支持下统一全国，并于1871年6月5日至1874年10月10日之间任斐济国王。此后，他被迫将斐济的君主头衔转移给英国的维多利亚女王。

卡考鲍继任他父亲——Ratu Tanoa Visawaqa的酋长位，在1852年12月8日成为群岛的最高统治酋长（Vunivalu）,他宣称拥有斐济遗族的宗主权。19年来他通过长期的战争来统领这些岛屿，并声称自己其实是斐济的国王。然而卡考鲍并不被其他酋长所接受。在1865年,独立联盟王国（Viti）建立,以卡考鲍为联盟大会主席，然而两年后，该联盟分裂成为Kingdom of Bau和Confederation of Lau，卡考鲍成为Bau的国王(kingship of Bau)。在外国移民者的支持之下,卡考鲍在1871年成功的建立了斐济联合王国,并且在列雾卡建立了首都。他决定成立一个君主立宪国家。第一次立法集会在该年的11月举行，立法机关和内阁皆被外国人所支配。

美国政府早就承认了卡考鲍为斐济群岛共和国的国王，但这对他并不利。美国政府要他为1849年(当时他根本未出生)美国外交官John Brown WilliamNukulau Island住宅遭受的纵火袭击负责，逼他赔偿$44,000。无力偿债和害怕美国人入侵屠杀本地人，卡考鲍决定割让土地给英国。对于这一做法，他也是出于希望大不列颠帝国会给斐济带来基督教和文明的想法。卡考鲍曾是食人族，但在1854年归依基督教后放弃食人行为。他保留了斐济最高统治酋长的位置,平静生活到1883年死去。

卡考鲍是斐济望族，不少领导人物均是他子孙。他的曾曾孙Ratu Sir George Cakobau,在1973年到1983年任斐济第一任总督。另一个较为出名的人是他女儿Adi Litia Cakobau Ratu Epeli Nailatikau的后人，现任斐济众议院发言人Ratu Sir Kamisese Mara。现代斐济国父亦是卡考鲍的后人。如今卡考鲍的后代活跃于斐济政坛与学界。

民族与人口

斐济是个多民族的国家，人口86.8万，其中57%为斐济族，37%为印度族。居民信奉基督教（53%）、印度教（38%）和伊斯兰教（8%）。官方语言为英语、斐济语和印地语，通用英语。

斐济国民主要由两大民族构成：斐济族人（占总人口的57.25%）和印度族人（占总人口的37.64%）。其它民族仅占总人口的5.11%，主要包括罗图马人（注：罗图马岛远离斐济主岛，拥有较大的自治权）、华人、其他太平洋岛国人、欧洲裔人和欧裔混血。目前，在斐济的华人、华侨共有大约6000人左右。

远在天涯的南太平洋岛国斐济，很早就有华人的足迹。在斐济全国人口中，有大约6000名华人。其华人人数在南太平洋各岛国和地区中仅次于法属玻利尼西亚，位居第二。1805年以来，斐济华人从无到有，落地生根，辛勤劳动，艰苦创业，对斐济社会的发展、经济的繁荣和促进中斐之间的友好关系，做出了卓越的贡献。

华人先辈创业艰辛，为斐济的开发及发展洒下了汗水。据传1805年就有华人远到斐济。19世纪70年代，澳大利亚金矿枯竭，部分华人准备取道斐济回国，但当他们看到斐济的丰富物产，认为谋生容易，便取消了回国的念头，在斐济定居下来。一些华人在当时的首都列雾卡（Levuka）做些小生意谋生，还有些华人经营小批量的海参及海龟的出口贸易。之后，又有一些从西萨摩亚、香港和汕头等地来的契约华工被招募到斐济种植甘蔗。

二战后，当地华人的眷属大量移民斐济，华人人口逐年增加。20世纪60年代是斐济华人社会发展的鼎盛时期，华人人数达近8000人。但自斐济独立后，不少华人又外迁到美、加、澳、新等地。今天，随着中国与斐济的经济文化交流逐渐频繁，越来越多的中国企业来此投资，大量的中国游客来斐济旅游。

● 斐济族人

礼仪与习俗

斐济，像许多太平洋岛国一样，是一个拥有基督教信仰的社会。这里曾经被英国殖民者统治过，而在19世纪这里被传教士转变为基督教盛行的地区，因此您不要惊讶于他们的商户在周日休息。

安息日（The Sabbath）开始于前一天下午6时，一些商户会在周六而不是周日庆祝安息日。这里许多印度人是印度教教徒或伊斯兰穆斯林。

此外，斐济男性穿苏禄裙（Sulu），女性穿苏禄裙（Sulu）及（Hamba），二者皆为传统服饰。十至四月份穿短袖衬衫即可，五至九月份可多带一件上衣。斐济人崇尚无拘无束的生活，因而衣着不讲究，除周日上教堂穿西装外，一般拜访、宴客、酒会等场合均穿着自由。但在斐济村中不能戴帽子和太阳眼镜，穿着也不能太暴露，裙长必须过膝。

遇见可爱的小朋友，不能随便摸他的头，因为斐济人认为头是一个人的灵魂所在。通常在斐济村落参观都会获得当地人热忱的招待，小朋友一点也不怕生，这是他们善良热忱的天性使然，因为斐济人从小就被教导要亲切地对待来客。而他们这种友善亲切的态度，赢得所有来客一致的赞赏。

■ 缤纷多彩的斐济节日

日期	节日名称	备注
平成24年1月1日	元旦	在斐济某些地区，庆祝新年的时期可以长达多个星期甚至一个月
2月或3月份	Holi	印度教节日——颜色的节日
3月或4月份	复活节	传统基督教节日
		斐济政府将复活节星期日及之前的星期五列为公众假期
平成24年5月30日	国父纪念日	庆祝斐济首位政治家，被誉为“斐济国父”的Sir Laka Sukuna的日子，为该国长达一星期的庆祝时间的最后一天
7月份	宪法日	纪念确立采用“斐济宪法”
7月份	穆罕默德诞辰	伊斯兰教重要节日，庆祝穆罕默德出生，每年庆祝日根据回教历而定
9月份	蔗糖节	在Lautoka市举行，每年庆祝日不定
平成24年10月10日	斐济日	纪念斐济被割让与英国（1874年）但之后从英国独立出来（1970年）
		斐济政府会举行长达一个星期的斐济周，以多姿多彩的庆祝项目来表现该国的多元文化
10月或11月份	迪瓦利节	印度教的“灯节”，供奉印度教代表富裕和繁荣的女神LakshmiHind，每年庆祝日不定
平成24年12月25日	圣诞节	传统基督教节日

背景故事

180度日界线——国际日期变更线

当年麦哲伦率领他的船队，自西班牙启程向西航行。三年后，当载有幸存者的船只回到始发港时，发现航行日志上记载的日期，比岸上的日期“少”了一日。造成这一混乱的原因是，船舶在向西行进中，物理时刻逐日推迟，即每天都在推迟中午的到来。按这种被延长了的昼夜来计算日子，在绕行地球一周后，便要减少1日。

地球是太阳系中的一颗行星，它除了绕太阳公转外，每天还自转一周。因此，地球被太阳光照射的半个球面形成白昼，而背着太阳光的另外半个球面便是黑夜，它们之间的过渡带是清晨和黄昏。地球不停地自西向东转着，地球上的晨、昼、昏、夜也不断地从东向西移动，循环往复地在各地出现。

全球各地都以自己所看到的太阳位置作为确定“一天”的标准。但是为了解决日出而作或者半夜鸡叫的问题，应该规定一条全世界共同的、可供对照的“日期变更线”，这条“日期变更线”就叫“国际日期变更线”。

现在公认的与东、西经一百八十度经线重叠的“国际日期变更线”，是以“格林尼治时间”为标准的日期变更线。“格林尼治时间”是穿过英国伦敦郊区的格林威治天文台的零度经线的时间，国际上规定为“世界时”。一百八十度经线正好处于与它相对应的地球另一面。

这条穿过太平洋的“国际日期变更线”，避开了一些岛屿和地区，这是为了使它们不致分成两个日期，因此，它不是一条直线而是有几条曲折的曲线。人们早晨起来，常撕下前一天的日历，表示新的一天开始了。但对乘坐飞机、轮船作洲际航行的旅行者来说，就有点不方便了。例如，当你在从东向西的航行中，因为你是在追赶太阳，所以就感到白天“加长”了；相反，当你从西向东航行时。由于是背离太阳。就出现好像白天“短”了的感觉。这样，你就可能会记错日子，把日历翻错。为了避免这种不方便，1884年起人们决定在太平洋中，也即在东经180度经线附近划一条线，规定当各种交通工具自东向西越过此线后，日期增加1天（例如，由7月31日改为8月1日），而由西向东越过此线后，日期减少1天（例如，由8月1日改为7月31日）。这条线就被称为“日界线或国际日期变更线”。同时为了考虑到行政管理上的便利，日界线并不严格地指东经180度的经线，而是由北极沿东经180度经线，折向白令海峡，绕过阿留申群岛西边，经斐济、汤加、萨摩亚等群岛之间，由新西兰东边再沿180度经线直到南极。在一般的世界地图上，也都将此线标出来，以便识别。

塔韦乌尼岛（Taveuni）也因180度国际日期变更线贯穿全岛而闻名于世界。这里是斐济必去参观的景点之一。

气候与时差

斐济属热带海洋气候，常年温度在22℃～30℃之间，天气通常高度潮湿，不同季节中只会有轻微的温度变化。斐济作为南太平洋的十字路口，来自赤道附近低气压中心的热带气旋风暴（南太平洋版本的飓风）经常过境，时间通常在11月到3月期间。这里经常降雨，其特点是短暂的暴雨，瞬间又雨过天晴。强烈破坏性飓风是非常罕见的。对气候敏感的游客不妨在南半球冬天期间访问这里，4月到10月是斐济的干季，也就是斐济的冬天，天气相对干燥，温度在26℃到30℃之间。这时天气微凉、少降水并且气候湿润，这是来斐济旅游的最佳时间。

斐济常年日平均温度为25℃，大岛的山区气候凉爽。斐济群岛的水温趋于均衡，大多在25℃到28℃之间，因此在斐济全年适合潜水。

有一点您需要记住的是：这里岛屿不同，气候也不同。虽然小岛屿大部分时间气候干燥、阳光充足，但苏瓦却非常潮湿，多云多雨。维提岛西南部地区以及玛玛努卡群岛（Mamanucas）则是另一番景象。那里气候湿润，得天独厚的阳光、海滩、海浪，构成了南太平洋的度假天堂。

斐济横跨东经180度，在塔韦乌尼岛（Taveuni）中心。国际日期变更线以东开始放慢，斐济处于一个比世界其他地方都“早”的时区。这也就是我们只有在斐济才能看到新年的第一缕曙光的原因。斐济同北京时差：+4.00。

Top 10

珍贵稀有的斐济动植物

大自然无私的赐予了斐济无数珍稀植被和稀有物种。斐济的动植物种类在很多方面与印度尼西亚（爪哇岛）和马来西亚（加里曼丹岛）类似。斐济的一些岛屿有很多天然的植物和动物物种，这些物种，在3500年前早期定居者迁徙到此之前就已经存在。

1. 斐济有超过3000种植物，其中约三分之一是独特珍稀的物种。数百种蕨类植物以及许多品种的兰花、竹子、红树林和一些水生植物都生长在斐济的一些岛屿上。

2. 塔韦乌尼岛被称为花园岛。由于这里雨水丰沛，植被郁郁葱葱，著名的斐济国花（Tagimaucia）就生长在这里高海拔的火山口旁。

3. 大量的降雨使得大片热带雨林得以茂盛的生长，斐济还有很多稀有的动物，如麝香鹦鹉，猴面蝙蝠，凤蝶。

4. 斐济最著名的动物是太平洋蟒蛇，为此美国经典影片《狂蟒之灾2》的外景选在了斐济。

5. 斐济本土哺乳类动物相对较少，除了本地的果蝠，斐济最著名的是冠鬣蜥。它是斐济众多鬣蜥中较为稀少的一种，受到了当地政府的严格保护。

6. 你可以发现11种不同类型的壁虎，其中太平洋细长脚趾壁虎、印度洋太平洋树上壁虎最为珍稀。斐济还有6种不同种类的蛇，包括4种水蛇。在斐济还可以找到4种罕见的海龟，分别是玳瑁龟，鼋，绿海龟和棱皮龟。

7. 在斐济发现了超过100个品种的鸟类，其中25种是地球上稀有的品种，坎达武的鹦鹉、海燕、翠鸟这些都是世界珍稀保护动物。

8. 在斐济岛有两种扁手蛙，分别为路栖和树栖，其中树栖扁手蛙看起来与树蛙科或雨蛙科的成员非常相似，树栖扁手蛙有多种色型，看起来好像不同的种。扁手蛙的其它种类均局限于亚太地区的海岛上，它的种类里包括不少树栖的成员。

9. 鱼类中除了鲑鱼、金枪鱼、针鱼、鲱鱼、毛鳞鱼、竹荚鱼、秋刀鱼、旗鱼、沙丁鱼、大鲵多春鱼、比目鱼外，还有斐济特有鲭带鱼。

10. 斐济有世界上最好的海参。

● 坎达武的鹦鹉

● 鱼类

• 斐济工艺品

■ 斐济传统艺术与现代工艺

1. 斐济木雕作为流行的旅游工艺品，广受欢迎。其中斐济传统卡瓦酒仪式（Yaqona）上使用的檀木碗最为珍贵。部落战争中的棍棒、长矛、卡瓦酒器和食人族用的叉子、碗，都仍然沿袭祖先流传下来的传统工艺。

2. 斐济陶器技艺精湛。坎达武岛以制作传统陶器而闻名。这里制作的大量装水陶器已经变成了南太平洋风格的家居装饰品，并多次刊登到国外家居杂志中。

3. 马西（Masi）或塔帕（Tapa）是带有浓郁地方设计风格的流行工艺品。塔帕纤维布是一种很有特色的美拉尼西亚文化产品。在新几内亚岛、瓦努阿图、斐济、夏威夷群岛、萨摩亚群岛、汤加群岛、塔希提岛、马克萨斯群岛、汤加、纽埃岛、库克岛屿和新西兰，这种用桑树树皮制作而成的纤维布（纸）作为一个远古的工艺，被人们实践了几千年，一直延续到今天。如今塔帕形式的壁挂、装饰物、垫子及篮编织品也很受欢迎。

4. 音乐在斐济人民的生活中发挥了关键作用，游客刚刚踏入度假胜地或豪华酒店的大堂，美妙的歌声就在耳边回荡，那是宛如空谷回音一般的声音。

5. 根据当地古老的美拉尼西亚和波利尼西亚传说，男子用棍棒和长矛上演武士舞，而妇女则用轻歌曼舞来迎接远方的来客。

6. 饮用卡瓦酒在斐济是非常传统的礼仪方式。他们通常围坐成一个圈，用半个椰子壳作为容器，饮用卡瓦。

7. 斐济建筑是布瑞毛草屋。在早期历史中，这里的建筑一直呈现的是斐济风貌，用斐济当地特有的植被木材建造了具有浓厚风格的本地布瑞建筑。

8. 斐济人世代相传使用传统的雕刻用品用于生产生活，现今的雕刻技术沿袭了几百年前的传统工艺。如今，他们用贝壳、椰子壳为材料，再次展现了这种古老技艺。

9. 斐济黑珍珠与红珊瑚艺术品是大自然的馈赠。

10. 斐济是世界上用椰子木、棕榈木家具制造技术的先驱，尤其是其将现代设计与斐济传统文化神奇的融合在一起。

斐济饮食

在斐济，很少有专门做斐济菜的餐馆，因此，您要吃到斐济菜，一般需在酒店订餐或者朋友招待。旅行者一定要品尝的当地美食，包括新鲜的热带水果，腌制在柠檬果汁中的烤肉或烤鱼，再用芋头叶和椰奶调制，通常还带有一点洋葱或大蒜（Paulsami）。鱼和其他海鲜腌制在柠檬和椰奶中（Kokoda）。还有一些在户外烹烤的食物也很出名，斐济烙福 （Lovo）是斐济最出名最普遍的户外烹饪体验：将烧热的岩石放入地炉，将各种食品用香蕉树叶包裹后放入炉中，上面用泥土覆盖，几小时后取出带着微微烟熏味的食品，可烧制出鲜嫩的肉类、鸡肉、海鲜，在特定场合下还可以烧制整只乳猪。主要生长在Beqa岛的一种坚果（Vutu）味道也不错，每年的一月和二月期间，在苏瓦和其他城镇都有。这里大量的食物是用椰浆煮制的。还有当地的特色汤（Rourou），丝滑的奶油汤由芋头叶和椰奶混合而成。主食是芋头、米饭和木薯，纤维很多的木薯对减肥也很有效果。

斐济人的饮食嗜好注重菜肴的丰盛，口味一般较重、喜油大、爱甜味，讲究吃海产品。主食以米为主，也乐于品尝面类食品，副食特别喜欢海龟肉、鱼等海产品，也爱吃猪肉、鸡等肉类；蔬菜喜食芋头、木薯、山药、西红柿、葱头等；调料爱用椰油、胡椒、姜、葱等。制法偏爱烤、炸、煎等烹调方法。最爱饮“卡瓦酒”，也喜欢诺丽果汁、可可、咖啡等饮料。果品爱吃香蕉、椰子、菠萝等水果；干果最爱吃杏干等。如果在斐济待上一周，您一定会遇上烙福。到附近的村庄或度假胜地感受丰富多彩的传统斐济歌舞夜，每人都会得到烙福，这是只有在斐济才能得到的一种奖励！

在斐济，有一种非常受欢迎的饮品叫做卡瓦（Kava）。这是斐济的国饮，有时还被当地人称为“Grog”。卡瓦是一种辛辣（由辣椒根制作而成）的饮品，喝完之后舌头和嘴唇都会发麻（通常仅持续约5-10分钟），之后就会感觉肌肉比较放松。卡瓦是蒸馏过的，容易使人醉，所以饮用后最好避免驾车。在斐济喝上一杯卡瓦是大多数背包客的一种经历。这种令人陶醉的饮品可以使人放松 但并不破坏头脑清醒。饮用卡瓦在斐济是非常具有社会性的传统礼仪方式，特别是在斐济的年轻人中。他们通常围坐成一个圈，用半个椰子壳作为容器饮用卡瓦。

● 斐济美食

这里有国际五星级标准的24小时冷气咖啡店，你可以点国际标准的西餐。牛排和当地的海鲜可以在当地大部分酒楼找到，这些都是斐济按照自己的传统烹饪技术制作而成的美食。大多数酒店和度假村也提供有主题的烹饪晚会、斐济飨宴（Magiti）、海滩或者池畔烧烤，还有斐济最著名和最普遍的户外烹饪（Lovo）体验。

您在每个镇子都可以找到提供当地小吃的咖啡馆和小餐馆。食物有益健康，价格便宜，质量高度可靠。从菜单上现点的菜肴比在玻璃柜中摆放的菜肴要新鲜。许多种类的咖喱在加工过后几个小时内吃起来味道会更好。鱼和薯条通常是游客安全的选择，被大家广泛食用。在斐济有很多华人餐馆，并且大多数当地的小店都会提供适合中国游客口味的小吃，尤其是早上刚出炉的新鲜面包、一些印度咖喱饭、斐济的鱼、羔羊或者猪肉菜肴。机场附近有多种食物可选择，包括日韩菜系。

至于上档次的地方，您可以尝试一下楠迪一些酒店内不错的餐厅。如果想在愉悦的氛围里享用一顿快速的经济餐，那你就要到港口中心楼上的食肆，选择当地餐馆和中国餐馆的美味菜肴，最好在吃之前，先看好了，问清楚是什么做的。之后，坐在海滨或植物花园旁，边用餐边欣赏美景，真是再惬意不过了。

中餐

中餐无论在楠迪还是苏瓦都有提供。这里经营中国的上海菜、鲁菜、粤菜。菜谱倾向大拼盘、广东烧腊、三彩大虾、炸蛎黄、干焗鸡块、叉烧肉、生煎火腿、白妙响螺、荔枝肉、干烧鱼等风味菜肴。最好点当地的海鲜，价格非常便宜。

• 中餐

西餐

楠迪街头有法国菜、意大利菜、德国菜、葡萄牙菜等各种西餐馆，卖比萨、意大利面或者汉堡包的小店随处可见。另外，在超市也有新西兰或澳大利亚制的冷冻食品，罐装意大利面或冷冻比萨都可以买到。另外在苏瓦还有一些西方快餐店包括麦当劳（McDonalds）和肯德基（KFC）。

• 西餐

印度菜

印度餐馆数量占到斐济餐馆的一半，和中国的咖喱饭不同，这里的味道非常地道。您以合理的价钱就可以享受到印度家庭的风味美食。选择一种印度风味的薄煎饼、米饭和木薯就着咖喱一起吃。小摊的甜味印度点心也很不错，一般需要3到5斐币。

• 印度菜

• 日餐

• 韩国菜

日本料理

学校附近的“滨町”、“OHRA”、“大黑”以及大酒店的日本餐厅都提供日式料理。价格是日本的中等水平，午间套餐是10斐济币左右，味道不错。这些都是出自日本厨师的手艺，好吃得可以让你忘记价钱。

韩国菜

楠迪有很多韩国人。烤肉之类的正宗韩国菜也能在这里享受到。特别是斐济的猪肉十分好吃，接近野猪的原始味道，但是价格有点高。

外卖

街头上标有“TAKE AWAY”的餐馆，就是可以提供外卖的。这里可以用很便宜的价格吃一顿饭，基本都是中餐和印度菜，也有西餐。当地人的午餐经常以外卖的形式解决。

斐济的餐饮提供了多民族的美食体验。无论是在饭店，海岛，度假村或在城市用餐，你都将发现来自印度、中国、韩国、日本、欧洲以及澳大利亚、新西兰和南太平洋水域的各种风味饮食。楠迪也有泰国菜、越南菜、墨西哥菜的餐厅，虽然十分好吃，但都是专门面向游客的高级餐厅。

● 海鲜大餐

Top 5 斐济特色菜肴

● 斐济杂果沙拉

特点：有营养，好味道，地方特色菜。

原料：杏仁等其他热带水果。

制作：将杏仁捣碎，再将其他热带水果切块，搅拌并加调味。斐济称为“无癌之国”，因为他们常吃上好的新鲜杏仁。你也不妨试试。

● 烙福

特点：斐济人最爱吃的传统食品。

原料：芋头、木薯、山药、整条鱼、整只鸡、大块猪肉和龟肉等 。

制作：将原料先用土填埋，烘烤数小时至熟。

● 斐济海鲜大餐

特点：新鲜的上好海鲜，去斐济必定要吃的菜。

原料：各式生猛海鲜。

制作：没有一个固定的做法，但是可以自己选定海鲜的原料，按照自己的口味让厨师进行加工。

● 卡瓦酒

特点：喝起来舌头会有一种酥麻感，据说不但可以美容养颜、提神醒脑，而且功效不逊于伟哥，是斐济大小庆典中不可或缺的圣水。

原料：辣椒树根等其他原料。

制作：将辣椒树根与其他原料混合后，进行榨汁。

● 岩石烧烤

特点：原汁原味，保留食物营养。烤熟的食物味美香口，非常好吃。

原料：烧烫的岩石，蕉叶等。

制作：事先将干净的岩石烧烫，然后把准备好的食物用蕉叶包好，放在石头上烧烤即可。

斐济购物

在斐济购物是个不错的选择，这里有免税商店和当地农贸市场可供游客，特别是购物狂来采购。楠迪、苏瓦、珊瑚海岸、劳托卡和萨武萨武都有一些精品店，在那里您能找到最好的旅游工艺品商店和传统市场。很多工艺品商店销售旅游纪念品、工艺品和古董首饰。您一定要记住的是，不要忘了讨价还价。除了斐济的酒店和度假胜地，在斐济群岛的城镇和城市中，你会发现一些当地人经常光顾的各式各样的商店，那些地方出售深受斐济人民喜爱的金光闪闪的黄金珠宝、斐济黑珍珠与红珊瑚等名贵饰品。

在斐济购物，不要购买濒危物种标本，如海龟、珊瑚和贝壳。它们是这个美丽的南太平洋小岛国生态系统的重要组成部分。

在斐济，无论是购物还是逛市场，您将有机会结识一些最精明的商家以及好脾气的斐济人。在斐济，你会发现很多独特的历史文物和文化景观，时尚国际精品时装，廉价的礼品以及纪念品商店。斐济的大部分商店营业时间是上午8点至下午5时或6时，有时在酒店和度假村营业时间会稍延长些。大多数商店周日休息。最值得游客购买的应该是那些具有浓郁斐济特色的商品：斐济木雕，长矛，作战用的棍棒，面具和食人族用的叉子。喝卡瓦酒的碗，有着传统图案的编织垫，塔帕布、檀香木、椰子肥皂也是可以随身携带回家的纪念品。此外，斐济陶器也值得购买。如果你对购买一些质地优良的陶瓷首饰感兴趣的话，您应该去苏瓦的政府传统工艺博物馆看看。在斐济购买服装的话，那些色彩丰富的度假衬衫——布拉衬衫非常适合，还有很多五颜六色的围裙也不错，您到哪都可以找得到这些商品。斐济塔巴，实际上是一种当地亚麻织物，由它制作成的服饰非常富有创意。

如果你喜欢印度的珠宝和服装，您可以在楠迪和苏瓦发现高质量的纱丽。传统市场是最好的购物地点，你可以讨价还价。太平洋港以东一公里处是斐济文化中心和工艺品市场，这是一个很好的购买当地传统小饰物和工艺品的市场。

谈到特产当然还有南太平洋群岛盛产的诺丽果。早在2000多年前岛上的土著民族就发现了诺丽果实具有天然的健康功效和医药功效，他们把NONI视为神明，视为上帝恩赐的礼物，经常将诺丽果实压成汁液，取出残渣，作为日常饮品和治疗疾病的药。今天，游客不仅可以买回整箱的诺丽果汁，还可以把诺丽果和椰子制成的天然护肤品天然化妆品（Pure Fiji）和按摩油带回家。

Top 10

■ 斐济购物须知

1. 斐济的通货膨胀率比较高，游客预期支付的费用应类似于澳洲的旅游地区。

2. 斐济的东西并不便宜，购物之前最好先做一个计划，以避免买了太多价钱很高且不常用的东西。

3. 不要买平时买得到的东西，应该多买些土特产。一些比较受欢迎的特色纪念品包括手编的篮子、珊瑚、贝壳制品、木雕品、塔帕（tapa）桌巾、印度沙丽、龟甲等。印度产的金银制品，色彩鲜艳、做工精致。

4. 多选些这里便宜而其他地方却很贵的东西。如一些岛屿上的纪念品，通常要比您在大陆上看到的便宜（例如在楠迪街头和市场上）。因为这里是海岛，所以海鲜特别的便宜，建议您要多买多尝，尤其是深海的石斑鱼、龙虾。

5. 不一定要选在大型商场进行购物，有时候在小型的商店反而会有更大的收获。

6. 斐济的印度商人们认为失去早上上门的第一个客人是不吉利的，所以清早顾客们尽可以杀价杀个痛快。

● 刻有图案的木碗

● 贝壳制品

● 椰子工艺品

7. 对于追求国际流行的人来说，斐济随处可见的苏禄裙（Sulu）是男女可穿、多用途、不分尺寸大小的传统服饰，是您需要购买的最重要的当地纪念品。

8. 您可买一些比较受欢迎的礼物回去。与朋友、家人共同分享，包括有斐济特色的自制T恤、刻有图案的木碗（Tanoa）—用于混合并食用传统卡瓦饮品、斐济人仿制的战棒、“食人叉”和斐济木梳、藤篮、草席、南洋树皮纸、动物木雕和陶器等受欢迎的手工艺品。

9. 斐济是自由港，故免税店特别多，因此黑珍珠、红珊瑚、钻石、珠宝、香水、银器、水晶制品等世界一流商品皆可以以免税的价格购得。在有斐济政府观光局标记的免税商店，旅客可安心的购买。

10. 很多商家支持中国银联的信用卡支付。

背景知识

关于退税

1、在商店内，您在任何一家有全球回报集团（Global Blue）退税购物（TAX FREE SHOPPING）标志的商店（全球有22.5万多家）购物时，只需填写申请您的全球退税支票（Global Bule Cheque），您将享受到训练有素的店员们对您热情的服务和指导。

2、当您离开斐济通过海关时，只需向海关官员出示您购买的商品、小发票和护照。如合格，海关即在您的全球退税支票（Global Blue Cheque）上加盖验放章。

3、取回您的退税款，您有几个选择：就近在全球退税的公司现金退税点（Cash Refund Office）马上领取现金退税款，或直接划入您选定的信用卡或银行帐户，或要求将银行支票寄至您选定的地址，或者您也可以回到中国后在当地领取现金退税。

● 斐济香烟

● 斐济纸币

货币兑换与信用卡

斐济的通用货币为斐济元（斐济 Dollar），以F$表示，属区域性流通货币，可在澳大利亚、新西兰和周边的12个岛国自由兑换。斐元是当地的基本货币，币值为2元、5元、10元、20元和50元。硬币有1分、2分、5分、1角、2角、5角和1元。1斐济元等于100分（Cents）。斐济元与人民币的汇率约为1：4（1 F$= 3.63698 CNY），与美元的汇率约为1.8：1（1USD=1.87740 F$）。

外国游客到斐济在机场、酒店、银行可用美金兑换斐济币或直接以美金交易。国际信用卡在大商场、饭店、酒店都可使用。士多店、市集买卖、搭乘出租车、付小费等需用现金。

周一至周五可以在银行兑换现金，楠迪机场大厅有24小时银行。在大多数度假村和较大的商店也可以兑换现金，但比起银行来说汇率要稍微低一些。另外，在楠迪和苏瓦有一些货币兑换公司。

从大型酒店、高级餐厅到超市，几乎所有地方都可以使用信用卡。通用度比较高的是维萨卡（VISA）和万事达卡（Mastercard）。在官方认可的免税购物中心（Jack′s of fiji / Prouds/Tapoo）刷卡购物，不收取任何手续费。每天各大商场都会有汇率表，顾客须提前看好差价。在斐济强烈建议用银联卡，等于少一个美元兑换的差价，可使用的包括银联双币信用卡以及带有银联标志的借记卡。

应变注意事项

旅客通常是暴力犯罪的主要受害者，尤其是在苏瓦。酒吧通常是犯罪分子栖息之地。经济和种族冲突，导致低层次的暴力犯罪现象滋生。一些度假村和酒店的保安措施还算良好。

大多数的犯罪活动都发生在苏瓦和楠迪那些远离度假村的地方。建议天黑以后，尽量在距离酒店较近的地方活动，入夜后，在苏瓦、楠迪和其他都市地区需要极端谨慎。

斐济文化鼓励共享，有时候像鞋子这样的小对象也可以"借"。通常与村长交谈就可以安排好返还事宜。

苏瓦是一个友善的城市，但也需要您十分小心扒手和小偷。要注意那些向你接近且询问你名字和从哪来的人。他们通常想要引你进商店并试图兜售一些索价很高的纪念品。不要让任何人以借口带你到另外的地方，这是犯罪分子的一个企图，他们企图把你孤立，使你处于弱势，然后对你实施诈骗或抢劫。另外在友好的斐济，有人向你提供任何免费的东西，都一定要注意。

当地警察的装备有限，警力不足。而华人华侨又是容易遭受袭击的主要对象。建议游客不要单独或于晚间外出。外出时也不要随身携带大量现金及贵重物品。遇有突发事件可拨打917或007报警电话。

医疗与应急

斐济相对于其他大多数热带地区来说传染性疾病较少。当地主要的传染病是登革热及血丝虫病。为避免得上蚊子传播的疾病如登革热，甚至像皮肿，您在户外活动一定要使用驱蚊剂，特别是在清晨和黄昏的时候。当地的水一般是安全的，但在不确定的情况下最好过滤或者煮沸再饮用。城市自来水是处理过的，基本是安全的，即使偶尔出现异常时，也会有公开警告或来自广播和印刷媒体的警告。被污染的食物并不常见，但应知道，成熟的珊瑚鱼可以从淡水藻类中吸收的毒素，它们身上有轻度神经毒素。鱼中毒现象一般会在头一两天发作，但一旦刺痛了嘴唇，就会对冷热比较敏感。

斐济实行公立医院免费医疗制度（但设备条件及所提供药物有限），各大城镇都设有一家条件比较好的公立医院，本地人、外侨和游客都享受同等待遇。在公立医院，除了牙科外，在其他科看病、体检、化验、住院全部免收费用，但挂号及住院伙食需个人支费。为方便患者救治，急诊和救护车也提供24小时免费服务。在城市地区，当地的急救医疗护理有良好的基础，治疗严重的病况往往需要转送到新西兰和澳大利亚。

斐济，如同大多数太平洋的其他地区，人们在短时间剧烈的太阳辐射下，会引起严重的皮肤烧伤。因此一定要戴帽子，太阳镜以及在裸露的皮肤上涂抹高SPF值的防晒霜（包括耳朵，鼻子和脚上的皮肤）。

● 斐济风光

学习斐济语

斐济的宪法规定了三种语言为官方语言，分别是英语、斐济语和印度语。其中，英语由英国殖民者所引入，印度斯坦语是居住在斐济的印度族裔的主要语言，而斐济语则是斐济本民族的语言。除了上述三种官方语言，斐济还有很多其他的语言。其中，该国西部的很多方言同官方的普通话（Bau Standard）差别很大，甚至可以被认为是另一种语言。另外，在斐济的很多印度人除了说印度斯坦语外，也说泰米尔语，还有少数说比哈里语（Bihari）、孟加拉国国语和其他语言。而在该国的罗图马岛上，主要使用罗图马语（属于波利尼西亚语的一种）。

通信与网络

在斐济首都苏瓦和大城市楠迪，大多数酒店和街头都有上网的地方，上网还算方便。在其他的小岛，只能靠无线通讯来联系了。如果你希望收发电子邮件，你要确定你所使用的网络服务供应商的漫游服务在斐济是否有效。很多酒店大堂有免费的Wifi，你也可以在前台购买上网卡，一般30分钟到1小时价格为10 F$。

1、固定电话，斐济的长途电话国际区号是：00679，市内电话一般为10分，国际电话可请饭店总机转接或用公用电话直播亦可。市面售卖的电话卡有5元和10元两种，电话卡在便利店或邮局可以买到。斐济的公用电话卡和中国的电话卡不一样，需要首先输入密码。

2、移动电话，如果你的手机是双频的，那么，你就可以直接在斐济买卡插在手机上使用，具体费用，查询当地的运营商。在斐济手机很普及，使用最多的是沃达丰。一般是先充值后使用，但是没有月租费。最便宜的为120斐济元左右，最新机型和中国一样，具有邮件收发功能，但是只能发送英文字母。从斐济拨出内部直拨长途电话前缀：无。从斐济拨出国际直拨长途电话前缀：00。

例如从斐济拨出到中国北京的电话，拨号顺序为“00 86 10 XXXXXXXX”，连续拨完全部数字，其中86（0086）是中国的国际长途电话区号，10（010）是北京的国内长途电话区号，XXXXXXXX表示北京当地的本地电话号码。

3、实用电话信息

中国驻斐济大使馆电话：679-3300215（总机）

传真：679-3300950

紧急呼叫、警察、消防、匪警及救护车电话：911

电话报时电话：014

国内电话号码查询电话：011

航班时刻查询电话：3722777

维提岛
Viti Levu

维提岛
Viti Levu

概况

维提岛是斐济最大的岛屿，面积10，400平方公里，名列大洋洲第五大岛。内陆山脉呈圆锥形，是斐济群岛中最古老的地质结构之一。首都苏瓦，维提岛的政治经济文化中心，斐济大约75%的人口都生活在这里。

许多游客以此为落脚之地，并开始探索斐济群岛，但是他们并不清楚其实维提岛也拥有自己独具魅力的景点。田园风情的维提岛并不缺少海滩，并且很多有趣的地方值得游览。喜欢冒险的游客可以选择从楠迪北上科罗亚尼图遗址公园，还可以乘船到更远的岛屿巡航，享受真正的南太平洋风光。如果你有兴趣去旅游观光景点，苏瓦有许多传统市场和殖民时期建筑值得一游。您不要忘记参观史料丰富的斐济博物馆，它会向你展示南太平洋群岛历史、文化和人民的生活。

在维提岛，你也可以划着皮艇奋勇地在纳莫西高地（Namosi）漂流，你还可以沿着珊瑚海岸到Natadola海滩游玩，在那儿度过一个轻松周末。对于热衷浮潜和潜水探险的游客来说，到北部海岸的Nananu-i-Ra小岛一游是个不错的选择。在Sigatoka沙丘，Tavuni山炮台，Ka Levu文化中心和Navala纳瓦拉村等地方，你可以探索传统文化在这里的传承，一定不要忘了喝一碗卡瓦酒。

在维提岛最开心的事情，莫过于你可以找到很多酒店和度假村。住宿设施大多集中在楠迪、苏瓦以及从皇后大道到珊瑚海岸的沿途中。楠迪国际机场是进入斐济的主要门户，通常抵达斐济的大多数游客都选择在楠迪住宿，从背包客宿舍到豪华度假村和五星级酒店任你挑选。

● 维提岛

交通

楠迪国际机场提供来自大约22个国际目的地的直航航班。皇后大道（Queens Road）是维提岛连接楠迪（Nadi）与其他城市的主要道路。这条道路沿着维提岛（Viti Levu）的南部海岸，是苏瓦（Suva）、拉米（Lami）、纳武阿（Navua）、太平洋港（Pacific Harbour）、辛阿托卡（Sigatoka）、楠迪（Nadi）到劳托卡（Lautoka）之间的主要交通枢纽。

斐济太平洋航空公司（Air Pacific）——最便捷的航空公司

斐济太平洋航空公司（Air Pacific）与香港国泰航空有限公司（Cathay Pacific Airways）代码共享。网站上总有打折票www.airpacific.com

大韩航空——从中国内地前往斐济最方便

大韩航空每周有3个航班（周一、三、五）从中国起航，途经韩国，你还可以买点免税品，最后抵达斐济。

到斐济的其他航空公司还有澳洲航空、新西兰航空、蓝色太平洋航空（Pacific Blue）。

斐济国内航空——一边飞行，一边鸟瞰333座岛屿的壮观景色

斐济国内拥有大量的航空公司供乘客选择。无论你选择乘坐水上飞机、直升机，还是国内航班，乘客都将享受到333座岛屿壮观的鸟瞰经历。

斐济国内航空服务：

- **Pacific Sun**

电话：（679）672 0888

www.pacificsun.com.fj

E-mail: enquiries@pacificsun.com.fj

- **Air Fiji**

电话：（679）672 2521

E-mail: nadres@airfiji.com.fj

- **Pacific Island Seaplanes**

电话：（679）672 5644

E-mail: sales@pacisair.com.fj

- **Turtle Airways**

电话:（679）672 1888

E-mail: reservations@turtleairways.com

- **Island Hoppers Helicopters**

电话：（679）672 0410

传真：（679）672 0172

www.helicopters.com.fj

E-mail: islandhoppers@connect.com.fj

• Air Fiji

• Turtle Airways

楠迪国际机场——最方便的中转站

楠迪国际机场作为旅游者进出斐济的主要门户，使游客到达维提岛变得非常简单易行。这是南太平洋沿岸国家的空中交通枢纽。楠迪国际机场位于楠迪市中心8公里处，它包括国际航班和国内航班。

斐济国内机场——必须体验一下

国内机场分别位于楠迪（Nadi），瑙苏里（Nausori），玛钠岛（Mana Island），拉巴萨（Labasa），萨武萨武（Savusavu），塔韦乌尼岛（Taveuni），瓦努巴拉乌（Vanua Balavu），坎达武（Kadavu），Lakeba和莫阿拉岛（Moala）。大多数度假村有自己的直升机降落场，游客也可以通过水上飞机参观游览。

国际航运——即是交通，也是旅行

乘坐游船或游艇是游客一个很好的选择，会使你的旅途将更加舒适。太平洋邮轮，Pacific Sun（太平洋旭日号），能载客1900人，共有12层甲板。斐济共有四个港口可入境：劳托卡（Lautoka）、萨武萨武（Savusavu）、莱武卡（Levuka）和苏瓦（Suva）。澳洲新奥游轮公司运营从香港---菲律宾---澳洲---斐济---新西兰的航线，将近25天的航程，您可以从澳大利亚经Astrala口岸直接进入斐济。

公共巴士——最便宜的选择

斐济有多种公共交通可供您选择，包括巴士、“分享的士”，以及私人出租车。价格非常便宜：从楠迪巴士车站到苏瓦乘坐分享的士需要花费F$17（分享的士通常是白色迷你面包车，它们通常都停在一处，当车上人数到达6-8人时就会发车）。

从楠迪海滩度假村到楠迪市中心，每位乘客大约需要F$6，到机场需要F$20——你还可以进行讲价。公交车市内需30至60斐济分，去劳托卡需2斐济元左右。

酒店巴士——提供免费机场接送服务

如果你提前预订了酒店客房，大多数酒店会提供免费机场接送服务，请您提前确认一下。

专业旅游巴士——又好玩又省钱

专业的旅游公司巴士服务现在也出现在维提岛上。Feejee Experience，作为众多当地旅游巴士公司之一，为游客提供游览全岛的服务，路线覆盖所有的热门景点。你可以在机场拿到免费的宣传单。这是一个有趣的背包旅行方式，特别是如果你时间紧迫，你可以在短短4天内玩转维提岛的主要景点！

● 楠迪国际机场

● 公共巴士和出租车

出租车——招手就停，提前预定

在楠迪和苏瓦之间，很多小客车和小货车提供从皇后大道到珊瑚海岸沿线的运营服务，当地人一般招手即停。出租车遍布维提岛，但是他们并不总是打表，您最好提前确认价格，然后再乘坐。坐出租汽车之前通常可以和司机讲价，车钱大概是公交车的5至10倍价钱。从苏瓦机场到Sigatoka乘坐私人出租车大约需要F$80。

租车——适合自驾车，简单易行

独自探索维提岛其实并不困难，每天最低30美元起的租车费就可完成这项活动。如果你想到内陆旅行，租辆四轮驱动的越野车更为合适。维提岛上著名的汽车租赁机构，有安飞士（Avis）、赫兹（Hertz）和预算（Budget），在楠迪国际机场都拥有营业点。

● Avis Rent A Car

电话：（679）672 2233
传真：（679）672 0482
E-mail：info@avis.com.fj

● Hertz Fiji Rentals

电话：（679）672 3466
E-mail: reshertzfiji @kidanet.net.fj

租摩托车——最适合闲逛

在楠迪或苏瓦城镇里闲逛，租一辆摩托车就够了。对于提倡绿色环保和健康意识的游客，租一辆自行车，在维提岛平直的道路上骑行，不但锻炼身心，沿途优美的景致更令人流连忘返。

港口和码头——去外岛最佳攻略

丹娜努（Denarau）港口是从丹娜努岛前往玛玛努卡群岛和亚萨瓦群岛的主要出发码头。这里已经成为斐济的游艇码头中心。这里可同时停泊100艘小型游艇，最多可容纳11艘邮轮。旅游配套设施完备，包括旅游咨询台、便利店、干洗店、燃料库和洗手间。

沃度（Vuda）码头位于西部内陆最末端的楠迪和维提岛劳托卡的西海岸之间。码头有可容纳120艘小船的船坞。周边辅助设施包括互联网吧、商务中心、洗衣房、洗手间、加油站、便利店、酒吧和沃度游艇俱乐部。

旅游全攻略

维提岛旅游全攻略

维提岛作为斐济旅游基础设施最完善的地方，绝对值得你在动身去其他海岛之前，停留数日。无论是旅游团游客还是背包客，维提岛都可以作为大本营而使用，在那里你会发现眼前的一切才是真正的热带天堂。

维提岛主要城市的住宿条件非常优越。楠迪作为斐济的门户，拥有很多的酒店，无论是经济廉价的背包客客栈，还是豪华和昂贵的度假村。

想住在沙滩海滨旁边的游客，应去在楠迪南边的珊瑚海岸Sigatoka，在那里你可以找到很多酒店。这里最奢华的度假村是Natadola海滩度假村，度假村坐落在海滩上，从楠迪驱车至此只需一个小时。对于夫妻来说，这个度假村温馨而亲切。在Sigatoka后面，你会发现更多的旅游胜地，这里适合家庭度假。该地区还有一些餐馆，很多人会开车来此尝尝真正的海味。

科罗莱武（Korolevu）以东有一个非常酷的背包客客栈，靠着海滩的度假屋让您有机会探索维提岛内陆地区。不过，如果你只喜欢海滩，沿皇后大道一直向前的太平洋港将是一个不错的选择。这里有一个大型的高档别墅出租社区，还有一些度假村、餐厅和太平洋港冠军锦标赛高尔夫球场。

● 维提岛夕阳

从这里坐车继续前行，不多远就到了首都苏瓦。作为一个国际大都会，苏瓦有一些很好的住宿设施，包括中档预算的酒店及价格便宜的客栈。苏瓦是商业旅行的好去处，你可以花两天的时间探索一下这个城市。从苏瓦，经国王路北上，不到一小时路程就到了北部海岸，也称为阳光海岸。这里景色非常优美，阳光灿烂，但这里的住宿条件欠佳，宾馆寥寥可数。这里主要以甘蔗种植园为主，没有什么看的，只能在美丽的海滩上晒太阳。

● 苏瓦

在北部海岸，不要忘记到Nananu-i-Ra小岛上去享受一个浪漫的假期。这里有洁白的海滩和一流的潜水海域，Nananu-i-Ra小岛上只有少数几个度假村，所以如果你想在此停留几天，需要提前预约。

劳托卡（Lautoka）位于楠迪北部，是继维提岛苏瓦之后的第二大城市。这是一个安静的海滨城市，只有极少数酒店。大多数人都是在探索完维提岛内陆高原之后，顺便游览此地。

■ 维提岛南部旅游全攻略

维提岛南部是一个滨海走廊，在这里可以享受维提岛最好的海滩及景观，包括珊瑚海岸，莫米湾（Momi Bay），鲁滨逊克鲁索岛（Robinson Crusoe Island），努塔度拉海滩（Natadola Beach），Sigatoka沙丘（Sand Dunes），Tavuni山堡垒，Korotogo，库拉生态公园（the Kula Eco Park），太平洋港（Pacific Harbour）及沿海岛屿贝卡（Beqa），亚努卡（Yanuca）和瓦图莱莱（Vatulele）。维提岛南部绝对是冒险家的天堂。

• 鲁滨逊克鲁索岛

鲁滨逊克鲁索岛也被称为利库里（Likuri）。鲁滨逊克鲁索岛度假村做为背包客的热门住宿地，有斐济群岛公认的最好的岛屿舞会。这个度假胜地提供了舒适的住宿享受，还有一大堆的娱乐活动，从帆板到Natadola游船之旅应有尽有。

• Natadola海滩

在维提岛，世外桃源般的Natadola海滩距离莫米湾只有几英里路程。这个相对孤立的海滩让人从楠迪的喧闹中瞬间解脱出来。这里非常适合冲浪、浮潜或风帆冲浪。Natadola海滩度假村只接待成年人，村内不容留16岁以下的儿童。

• 亚努卡

距离楠迪约50公里的亚努卡岛，以珊瑚海岸风景区的甘蔗铁路而闻名。这里风景优美。Natadola海滩区和珊瑚海岸风景区的小火车在14公里的长途旅行中穿越甘蔗种植园、村庄和森林，全程约75分钟。家庭团队票大约为75美元，包括了在Natadola海滩度假村的一顿烧烤午餐。斐济香格里拉酒店也在亚努卡岛，是一座属于家庭形式的度假村。

• 莫米湾

从楠迪出发沿皇后大道向南就会通过莫米湾。道路两旁是农田和种植园，你还能发现掩映在其间的寺庙和清真寺。在这里，你会发现伪装成掩体的碉堡和二战时期的高射炮，以及斐济在二战中的历史图片。二战时期的日本海军航空兵准备进攻斐济、萨摩亚、新喀里多尼亚和澳大利亚，而这里就是阻击他们的桥头堡。附近的贝壳冲浪潜水度假村会提供一些玛玛努卡群岛（Mamanuca Islands）周边最好的冲浪和潜水地点。

• Sigatoka地区

Sigatoka坐落在距楠迪61公里处的地方。虽然是一个农村，但这里是维提岛唯一的冲浪沙滩，也是世界一流的冲浪比赛地。著名的Sigatoka沙滩在距离小镇45公里处，附近是Sigatoka一望无边的河口沙丘。这些沙丘高达60米，在一些地方，已形成了数百万年。陶片和人类遗骸的发现证明了这里悠久的历史。Sigatoka谷地同时也是闻名的陶器产地，斐济最有名的制陶艺术家Diana Tugea 居住在这里。

• Tavuni山堡

Tavuni山堡垒是坐落在Sigatoka区的一个有趣的景点。这个堡垒如今已经进行了恢复性的修建，当你漫步在Sigatoka河峡谷上的时候，可以远远眺望大海与岛屿。从该地区去周围地区游览很容易。这里提供小吃，饮料和纪念品，还有你一定不能缺少的堡垒导游。

● 海湾

● Korotogo及库拉生态公园

这里是一个安静的小镇，有一些住宿地点和餐馆。Korotogo是珊瑚海岸的一部分，这里有美丽如画的海湾、珊瑚礁和迷人的海滩。库拉生态公园野生动物保护区的建立是为了保护濒危的斐济稀有物种，如凤头鹰、鬣蜥、玳瑁海龟、鹦鹉、果蝠以及各种各样的鸟类，因此这里也是观鸟的好地方。

● 太平洋港

距苏瓦约49公里，从首都到这里很方便，太平洋港更像一个自由经济区。太平洋港珍珠度假村是这里最出名的酒店之一。在这里游客可以享受包括游艇、帆船、帆板和玻璃底游船等娱乐项目，这里还有一个高尔夫冠军锦标赛俱乐部。太平洋港东一公里处是斐济文化中心和传统市场，对于那些喜欢斐济传统文化的游客来说，必定不虚此行。

● 离岸海岛

维提岛南部是贝卡、亚努卡和瓦图莱莱三个小岛屿。贝卡瀉湖有一些著名的潜水点（Side Street, Frigate Pass 和 Caesar′s Rocks）和一些世界级的冲浪海滩。在瓦图莱莱岛你可以找到一些有趣的考古遗址。

楠迪
Nadi

楠迪

Nadi

概况

当旅客乘坐国际航班抵达斐济的时候，他们总能在楠迪听到第一声问候——“布拉”。五颜六色的市场，迎接贵宾的雅格纳仪式（Yagona），富有地方色彩的服饰、印度香料、自制纪念品，当然还要有“卡瓦”酒，都构成了浓郁的斐济文化。

楠迪是斐济的第三大城市，同时也是游客进入斐济的主要入境地点。楠迪位于维提岛西部，在楠迪国际机场西北9公里处。楠迪既是国际机场所在地，又是畅游周边珊瑚岛群的起点。你会在这里发现美丽的度假岛屿。一岛一天堂，这里有壮丽的冲浪海滩以及不同预算的住宿设施。在楠迪你可以找到斐济大部分的度假设施以及数量众多的纪念品商店。如果你时间充裕，不妨跋涉到内陆高原，去Sabeto尝试一下有治疗效果的天然温泉和泥浴，感觉奇妙无比。

楠迪，一个繁忙的有着3万多人口的新兴城市，为所有游客提供了便利和现代化的生活设施。餐厅、酒吧、俱乐部、购物中心、商场、电影院、夜生活、观光景点，楠迪拥有一切你想要的。在城市主要街道上遍布着餐馆、咖啡厅、市场和纪念品商店。在大街的尽头坐落着印度湿婆斯瓦米寺（Sri Siva Subramaniya Swami Temple），这是城市中最受欢迎的景点，值得一游。作为印度教在南半球最大的庙宇，每年数以百万计的朝圣者前往斯瓦米寺朝拜。楠迪有很多印裔同胞，这里是斐济印度教和伊斯兰教的中心。

市场、车站、医院和邮局都在楠迪市中心东大街上。如果您沿Narewa路，穿过闹市区向北行，就到了丹娜努（Denarau Island）码头，这里是楠迪最豪华的度假胜地。这里有一座小桥连接着大陆，从市区到丹娜努（Denarau Island）码头，只需5分钟车程。

• 楠迪

喜来登度假酒店坐落在一个有着高尔夫球场、游艇码头和漂亮度假村的岛上。从丹娜努码头，您可以乘船去亚萨瓦群岛和玛玛努卡群岛。楠迪河最好的旅行路径是探索红树林，这是一个惊险刺激的探险之旅。

● 楠迪镇

楠迪作为斐济传统上的门户，以斐济西侧的主岛维提岛为起点，自沃度（Vuda）、楠迪镇（Nadi town）、瓦路路海滩（Wailoaloa beach）、楠迪机场、Martintar、丹娜努岛（Denarau Island）、Korovuto，玛迷海湾（Momi Bay）到Natadola为终点，横贯相连。斐济的巴（Ba）省和楠德龙（Nadroga）省全年气候晴朗宜人。楠迪镇靠近国际机场，周边乡村景色郁郁葱葱。无人居住的海滩和山区等东部地区，如著名的瑙苏里高地（Nausori Highlands），更令人瞩目。楠迪北部处于风景秀丽的Sabeto山脉中。在楠迪，你还可以到科罗亚尼图国家公园一日游，或者去沉睡巨人的花园欣赏兰花，这是另一种轻松的旅行方式。

楠迪国际机场主要提供来自大约22个国际目的地的直航航班。主要为斐济的国际航空公司太平洋航空公司（Air Pacific）、新西兰航空公司（Air New Zealand）、太平洋蓝航空（Pacific Blue）（一间主要服务新西兰的航空公司）、隶属于维珍集团下的维珍蓝航空公司（Virgin Blue）、大韩航空公司（Korean Air）和其他航空公司提供服务。该机场也提供国内航班。

皇后大道（Queens Road）是维提岛连接楠迪（Nadi）与其他城市的主要道路。从楠迪（Nadi）到首都苏瓦（Suva）182公里。这条道路沿着维提岛（Viti Levu）南部海岸，是苏瓦（Suva）、拉米（Lami）、纳武阿（Navua）、太平洋港（Pacific Harbour）、辛阿托卡（Sigatoka）、楠迪（Nadi）到劳托卡（Lautoka）之间的主要交通枢纽。

■ 港口和码头

丹娜努（Denarau）港口是从丹娜努岛前往玛玛努卡群岛和亚萨瓦群岛的主要出发码头。这个港口发展迅速，已经成为斐济的游艇码头中心。丹娜努港口有斐济最新的远航设施，包括一间固定的和四间浮动的船坞。这里可容纳超级游艇，最大的可达64米长，还可以同时停泊100艘小型游艇，最多可容纳11艘邮轮。这里旅游配套设施完备，包括旅游咨询台、便利店、干洗店、燃料库和洗手间。

沃度（Vuda）码头位于西部内陆最末端的楠迪和维提岛劳托卡的西海岸之间。该码头有一条25米的通道，并带有箭头标志和绿色指示灯，这是夜间指示船只通往灯塔的标志。码头修建了一个2.5米深，可容纳120艘小船的船坞，并设有一个斜坡道给更小的船舶。这里设有一台60吨的升降机及支架，可以为30艘硬顶船提供支持。周边辅助设施包括互联网吧、商务中心、洗衣房、洗手间、加油站、便利店、酒吧和沃度游艇俱乐部。

旅游全攻略

楠迪不仅仅是一个很好的度假目的地，您在这里还会有很多事情可做，在楠迪你永远都不会闲下来。在楠迪，斯瓦米寺绝对值得一游，这间庙宇向游人开放，但是，你必须衣着端庄，不能在寺庙内拍摄照片。

对于高尔夫爱好者，楠迪有几个高尔夫球场可供选择，比较著名的有拥有18洞锦标赛球场的Denarau Golf高尔夫球俱乐部，以及楠迪机场高尔夫球场。如果您对网球感兴趣，楠迪镇还拥有10个网球场，一个网球俱乐部。

如果你有兴趣徒步旅行，科罗亚尼图国家公园或瑙苏里高地可供你探险。骑马是斐济度假村很受欢迎的运动，你可以在Natadola海滩骑马飞驰，也可以在楠迪西南的Sonaisali岛的海滩上驰骋。夕阳西下，Sonaisali度假村景色美丽极了。

不幸的是，这里的水太混浊不太适合潜水或浮潜。但是在城里有很多旅行社和旅游业者经营短途旅游，提供有包括到玛玛努卡群岛或亚萨瓦群岛的一日游，那里有真正世界一流的潜水和浮潜地。

● 度假村景色

对于喜欢冒险的游客，楠迪提供在Sabeto山脚下的山地自行车运动。这里的地形崎岖不平，有许多泥泞小路。如果您愿意，你也可以在楠迪河周围坐喷射快艇尝试一下斐济的激流勇进。令人难以置信的喷射快艇，扣人心弦的飞驰速度，大幅度的快速转弯和旋转，令你的肾上腺素大量分泌，太刺激了。

如果你想度过一个安静的早晨，参观沉睡巨人的花园是个好选择，从楠迪机场到这里约10分钟。一个美丽的热带兰花花园，这个地方也是野餐的好去处。

从楠迪开始跳岛游，经丹娜努码头去其他岛屿一日游也是非常热门的项目。这些度假岛屿和无人居住小岛组成了特别的上岸一日游，这里的活动丰富多彩，包括滑翔伞、空中飞行、乘坐香蕉船和玻璃底船观赏珊瑚。如果您选择安静和浪漫的观光项目，可以乘坐帆船离开丹娜努，绕着美丽的玛玛努卡群岛寻找无人居住的荒岛巡游，享受一下美国影星汤姆·汉克斯《荒岛余生》中的情景，非常惬意。

Top 10 四处游览

这一地区的旅游最具多元化。从楠迪出发，你可以去Wailoaloa海滩（Wailoaloa beach）弄潮，拜访纳瓦拉历史村（Navala Historic village）体验斐济传统文化，乘船到各个美丽的岛屿观光，探索偏远的亚萨瓦群岛（Yasawa Group）和内陆地区的瑙苏里高地（Nausori Highlands）。

1. 印度湿婆斯瓦米寺 （Sri Siva Subrahmaniya Swami Temple）

这座庙宇位于楠迪城内主干道的最南端。这座印度庙宇向游客们展示了渗透在斐济文化中印度宗教的一面。楠迪有南半球最大的印度教寺庙，寺庙分三个部分，第一部分是印度教中的神像，复杂的第二部分是加尼什寺，第三部分是湿婆神庙。寺庙内的复杂工艺出自印度8位工匠的精雕细琢，如此传统的寺庙在印度境外是非常罕见的。作为一个神圣的印度教圣地，游客参观时应给予其尊重。每人3.5斐济币。

2. 沉睡巨人的花园（Garden of the Sleeping Giant）

沉睡巨人的花园是一个美丽的兰花种植园，于1977年由已故的好莱坞明星“轮椅神探”雷蒙巴尔·佩里梅森和艾恩赛德捐建。沿着丛林步行欣赏兰花，穿过一个大荷花池，你还可进入原始森林。花园占地20公顷，有超过2000种不同的兰花。您可以漫步于郁郁葱葱的种植园中，种植园隔壁是雷蒙巴尔的度假小屋。小屋里展示着这位超级巨星的用品，包括照片，他最喜欢的椅子，甚至手杖。沉睡巨人的花园是那么的宁静、自然、美丽，肯定会让您屏息凝神，是一个不容错过的景点。

3. Batilamu山峦远足（Batilamu Trek）

在楠迪，去著名的Batilamu山远足跋涉，也是探索自然的好方式。这种长途跋涉，还包括在科罗亚尼图国家公园游览以及探索斐济传统乡村生活。

● 沉睡巨人的花园

● 科罗亚尼图国家公园

4. 科罗亚尼图国家公园 （Koroyanitu National Park）

科罗亚尼图国家公园的山上分散着很多自给自足的小村庄，是游客体验传统斐济文化的最佳去处。而附近的瑙索里高地有着美丽的自然风光，也是游客休闲避暑的好去处。园内有六个小村庄，生态旅游是村民们的主要经济来源。在这里，游客可以亲身体验到原汁原味的斐济传统文化和生活。这里最大的一个村庄叫做阿巴卡，坐落在科罗亚尼图山脚下。原始的达库阿森林、草场、瀑布、河流和考古遗址构成了一道亮丽的自然风景线。有兴趣的游客还可以花上一个小时的时间爬上洛克城堡，站在城堡顶端，将远处玛玛努卡群岛和亚萨瓦群岛的全景尽收眼底。

5. 瑙苏里高地（Nausori Highlands）

在维提岛东部有处神奇的景观即瑙苏里高地偏远的村庄。纳瓦拉村也许是斐济最美丽的乡村。现在大多数斐济的村庄都有了预制混凝土式的房屋，而纳瓦拉村的建筑却还保留了当地传统的式样。他们没有太多的游客来访。星期天不是一个合适的参观时间，因为当地人要和家人呆在一起。布库亚村以西同样有一个值得游览的山村，你会发现到斐济当地人家中作客别有一番情趣。

6. 斐济第一村（Viseisei）

Viseisei村，在楠迪机场沿皇后大道以北约12公里处，是一个典型的斐济村落。据传，第一个斐济人是在这里定居的。这是一个美妙的地方村落旅游点，让你有机会看看斐济当地人的日常生活。

7. 乌达码头（Vuda）

往北一公里是乌达（Vuda），这里有一个码头。安克雷奇海滩度假村提供了到玛玛努卡群岛或更远的一些岛屿的海上巡游项目。这里是你享受平和安静的理想之地。从机场到这个度假胜地大约有15分钟车程。

8. 到Uciwai海滩去冲浪

如果你是一个狂热的冲浪爱好者，楠迪西南约18公里处的Uciwai海滩不可错过。这里主要是那些去玛玛努卡群岛游玩回来的人的聚集地，这里有一个冲浪度假村还可以潜水。这个度假村提供简单的住宿以及带有专门向导的冲浪和潜水之旅。

9. 在Sonaisali度假村做日落巡游

对于家庭来说，享受一个有趣的假期还可以去Sonaisali岛。这里位于楠迪西南12公里处，距离主岛陆地约300米，每天都有度假村的驳船接送游客和他们的员工。整个42公顷的岛屿就是以家庭度假为主的Sonaisali度假村。你可以选择一些传统的草屋别墅居住，他们的厨师还精心的烹饪了午餐和晚餐，不过最让人欣喜的还是这里的日落巡游。夕阳之下，你可以乘游艇畅游南太平洋，一边小酌着香槟，一边欣赏斐济的日落，非常的惬意。酒店的管理人员来自中国，他们了解中国客人的习惯和文化。，

10. 劳托卡一日游

劳托卡，维提岛的第二大城市，靠近楠迪。这是个安静的小镇，是你到访玛玛努卡群岛和亚萨瓦群岛的必经之地。劳托卡并没有真正的旅游景点，除了科罗亚尼图国家公园。这里只有少数的城市住宿设施和一些廉价的餐馆。

• Sonaisali度假村

● 泥浴

背景故事

温泉和泥浴（Sabeto hot springs & mud baths Sabeto）

大多数人一提到斐济，就会想到美丽的海岛，但很难想象的是这里还有温泉。斐济位于环太平洋火山带，所以岛上也有地热温泉。在Sabeto，你可以见到冒着蒸汽的温泉和泥浆地，不时有蒸汽从地洞中喷出。当地土著居民沿用至今的洗澡坑更显得别具情趣。洗澡坑的水取自烟波浩瀚的天然温泉，根据村里人的说法，使用这种温泉水可以解除身上肌肉的疼痛，对于关节炎、风湿症患者有极佳的疗效。人在泉水里洗完澡后，身上感觉像丝绸般柔滑。

当地人还将火山泥混入温泉，供游客浸泡。泡在滑溜的泥浆里，您还可以把池底沉淀的火山泥拿来涂抹按摩，泡个二十分钟后再用冷水清洗，这真的会让人容光焕发。此外还可以把热乎乎的矿物泥涂满全身，泥巴晾干后再一块一块剥掉，然后再进入温泉池中，让紧绷的皮肤在温热的泉水中变得润滑，全身每个毛孔都舒畅无比。在温泉村四处可见的泥浆池里，不同颜色的泥浆，具有不同的作用。色泽较深的泥浆，对于关节炎、风湿症深具医疗效果。

• Jack's of fiji

购物

• Jack's of fiji

斐济最好的零售商，由四个公司构成。每个公司都提供给顾客高质量的商品和服务。其中有斐济传统手工艺品、香料、书籍、音乐、编织物、纪念品、木雕工艺品、香水、巧克力以及服装皮革等琳琅满目的商品。

楠迪店（401-403皇后大道PO Box 259，电话：670 0744）

喜来登度假酒店（Jack's Handicrafts，Sheraton fiji Resort，电话：670 1777）

Tokatoka度假酒店（电话：672 0400）

Sigatoka店（电话：650 0810，并开设有购物拱廊。）

www.jacksfiji.com

• Prouds Duty Free

楠迪国际机场免税店以及13家Prouds分店分布在主要城市、酒店以及度假村之中。这是斐济购物体验中最值得尊敬的品牌，即使是最挑剔的顾客也会了解为什么Prouds楠迪国际机场免税店具有较高国际知名度。超过1.8平方千米的空间，展示了来自世界各地最知名的品牌。Prouds免税店展示了令人印象深刻的商品，包括珠宝、香水、手表等，并且提供包装和邮寄到任何目的地的服务。

地址：喜来登酒店，丹娜努岛

电话：0011-679-672-2477

传真：0011-679-6750335

www.dutyfreefiji.com.fj

E-mail：info@dutyfreefiji.com.fj

- **Blue Lagoon Pearls**

蓝色珊瑚礁珍珠。这是斐济最好的南太平洋珍珠专卖店之一。品质上乘的黑珍珠和新疆的和田玉一样价格扶摇直上，单颗珍珠轻松卖到上万美元。而在斐济传说中，爱人就如同混沌深海中的珍珠一样，可以折射或收藏每个人的心魂。黑珍珠不属于人事尘寰，它是太平洋波涛的沉淀和馈赠。

地址：shop 6，comer of clay street，Queens Road，Nadi，Fiji

电话：0011-679-999-1084

手机：0011-679-999-0700

E-mail：bluelagoonpearls@connect.com.fj

- **Jewels fiji**

太平洋黑珍珠举世闻名，主产地有塔希提（Tahiti）、北库克群岛的彭林岛（Penrhyn）和马尼希基岛（Manihiki）等，塔希提黑珍珠也被誉为"皇后之珠"。当然珍珠之价值不菲的，是色泽与颗粒体积均无与伦比的南洋珠，颜色有银白、粉色、银色、金色、淡金色、玫瑰红色等。南洋珠由特有的贝生产，这种贝比培殖出淡水族珍珠的贝大许多，因此它培殖的珍珠也大的多。一般南洋珠只能靠海洋捕捞，资源有限，而且养殖周期长、难度大，搜寻一颗完美的南洋珠就像追寻难完成的梦一样要历尽艰辛。南洋珠无论从珍贵度还是价格上都堪称珍珠之王。她的市场价格是大溪地珍珠的2～3倍！一九九三年，在纽约拍卖场上，一串南洋珠的卖出价创下225万美元的世界纪录。

- 太平洋黑珍珠

地址：丹娜努码头商业中心

电话：0011-679-675-0705

E-mail：portdenarau@jewelsfiji.com

地址：楠迪镇主街

电话：0011-679-670-0088

E-mail：nadi@jewelsfiji.com

地址：苏瓦，汤普逊大街，MHCC大厦首层

电话：3310016

Email：suva@jewelsfiji.com

- **楠迪农产品市场**

位于医院路，这是一个非常大的市场，出售大量新鲜的水果和蔬菜。水果有香蕉、菠萝、椰子、芒果、木瓜、绿柠檬、柑橘、番石榴，还可看见樱桃、柚子和一些不知名的果子。蔬菜品种很丰富，有茄子、黄瓜、青菜、芥菜、香菜、生菜、胡萝卜、辣椒、西葫芦、苦瓜、扁豆、四季豆、长江豆、西红柿等，色彩纷呈，煞为喜人。七挺大的石斑鱼，标价14斐济元（约合54元人民币），这些鱼不仅新鲜，还是野生的呢！您还可以亲眼看到鱼贩用一杆大秤秤一条巨大的金枪鱼，50多斤重，但价钱才50斐济币。而在日本，一条同样重量的金枪鱼的收购价往往在1000美元左右。

饮食

楠迪有很多酒吧，俱乐部和餐馆，你能品尝到美味的食物，听到悦耳的音乐。酒吧，俱乐部和餐馆大多位于市中心大街的两旁，在楠迪许多著名的酒店里都有鸡尾酒现场表演。建议你一定要品尝一下粤菜海鲜。你也可以去市场买海鲜，找中餐馆加工。斐济海鲜产品特别丰富。有一种椰子蟹，其实属于陆地寄生蟹，靠爬上椰树以吸食椰汁为食，这种蟹的吃法主要是清蒸，然后吸食蟹里面的蟹膏，这种酱非常稀有，是旅行者难得的体验。

● 陈氏海鲜酒楼 Chen's Seafood Restaurant

正宗川菜和粤菜的融合，以新鲜的海鲜为特色。这里有精美的中餐厅和豪华酒吧。推荐菜肴：龙虾，螃蟹，鳕鱼，火锅等。停车容易，有宽敞，凉爽的环境。提供餐饮及外卖服务。可容纳150人同时就餐，拥有贵宾室。主要菜肴价格范围：F$ 10- F$ 35。接受主要的信用卡。

营业时间：11am - 3pm & 6pm - 10pm，周日（只供应晚餐）6pm - 10pm。

地点：Northen Press Road，Martintar楠迪

电话：672 7799， 921 6921

● Saffron Tandoori Restaurant

主要提供经典的印度烧烤食品，最受欢迎的菜肴是塞满了奶酪坚果和枣的鸡胸肉（Chicken Kundan Kaliyan）。提供外卖服务，有免费停车场，价格范围：F$15 - F$35，接受主要的信用卡。

营业时间：午餐周一至周六: 11am – 2.30pm & 晚餐周一至周日: 5.30 – 9.30pm。

地点：Jacks Mall Main St，楠迪

电话：670 1233

● 盛泰海鲜酒家 Sentai Seafood Restaurant

电话：6700928 传真：6708882

网址：www.sentaifiji.com

● 盛泰海鲜酒家

● 日本菜

● Chefs

提供国际性饮食。是第一行政总厨Eugene Gomes的杰作，这里是斐济最豪华的餐厅之一，服务周到，菜单应时变化，其中总会包含煎牛排和羊排。价格范围：早餐F$5.50-F$8；午餐（提供色拉，汉堡，咖喱，鱼和薯片）：F$8.50-F$30；晚餐主菜F$29-F$69，可用信用卡：AE, DC, MC, V。

营业时间：9am-10pm；建议预订。

地点：Sangayam路，Jack's后面。

电话：670 3131

● Daikoku Asian

日本菜。价格：寿司和刺身：F$5-F$26；主菜F$12-F$33 ，楼下是寿司吧，有最新鲜的鲑鱼，金枪鱼和龙虾。楼上是铁板烧烤房，那里的厨师制作炒菜、虾、鸡，味道非常棒，还有牛肉。您也可以选择寿喜烧（sukiyaki）、乌冬面和其他传统的日本料理。斐济最好的日本美食就在这里了。接受使用的信用卡有AE, DC, MC, V。

营业时间：每天中午-2pm；6pm-9:30pm，建议提前预订。

地点：皇后大道，Martintar（北方新闻路）。

电话：672 3622

- **Nadina Authentic Fijian Restaurant**

斐济风味餐厅。原来楠迪缺乏真正的斐济风味餐厅，直到Nadina于2007年开业才改变这一局面。餐厅位于一间木制小屋内，擅长传统的斐济食物，例如酸橙汁腌生鱼以及新鲜蔬菜（Kokoda）和香蕉叶蒸椰奶鲅鱼（Kova Walu）。木蕨类脆幼芽（Miti）味美且应与椰奶同食。餐厅也提供一些普通的斐济菜卤，您还可以品尝到很好的咖喱。价格：主菜F$18-F$22；接受使用的信用卡种类：MC, V。

营业时间：每天7am-10pm。

地点：Lot 6 Khalil街，楠迪皇后大道Martintar区。

电话：672 7313

- **鸿盛海鲜酒家（HongSheng Seafood Restaurant）**

以斐济新鲜海鲜为原料的地道传统粤菜烹饪。老板来自广东台山，推荐这里的清蒸龙虾，东星石斑鱼、咖喱螃蟹、台山家乡肉饼。你还可以到市场上买海鲜，请店家加工。

营业时间：周一至周六11am-3pm和6-10pm；周日9am-2pm和6-10pm；接受提前预订。

地点：楠迪镇过了小桥的第一家中餐馆

电话：670 7036

- **Saffron**

印度北方风味快餐餐厅。这个餐厅提供了斐济最棒的印度美食。

地点：皇后大道，jack′s工艺大厦。

电话：670 1233

- **渤海海鲜酒楼（Bo Hai Seafood Restaurant）**

地道的海鲜酒家，各色美味的海鲜。

电话：670 0178

• 渤海海鲜酒楼

- **The Bounty Bar & Restaurant**

这里提供国际性美食和斐济风味。这家餐厅吸引了众多游客、外籍居民以及国会议员，特别是在晚八点之后或周末晚的欢乐时光中，客人更多。这里最好的菜肴要数牛排和大汉堡包，海鲜食物也非常棒，特别是龙虾，另外还提供不错的咖喱。餐厅还有酒吧和在外面的啤酒花园。晚上10点以后你也可以来这里吃饭，因为那时大部分餐馆都已经关闭了。价格：主菜F$16-F$33；接受信用卡AE, MC, V。

营业时间：每天9am-11pm。

地点：皇后大道79，Martintar区。

电话：672 0840，传真: 672 1882

E-mail：thebounty@connect.com.fj

- **The Outer Reef Seafood Café/Sandbar Restaurant**

这件餐厅主营海鲜。来自澳大利亚的艾伦沃特斯来到斐济，开了这家咖啡馆和餐厅，同他一同到来的还有新鲜的海鲜。餐厅午餐时开放，路边咖啡馆提供三明治、生鱼片、炸鱼和薯条。Sandbar餐厅有露天的庭院和时髦的酒吧，提供冷热蟹、虾、牡蛎、贻贝、扇贝。牛肉烧烤也很不错。每周末的晚上还有现场音乐会。价格咖啡厅主菜F$20-F$45。

营业时间：周一至周六8am-7pm；周日11am-7pm，建议提前预订。

地点：皇后大道北Nomads Skylodge，Martintar，Namaka。

夜生活与娱乐

楠迪是斐济的主要门户，这里有娱乐设施以及喧闹的夜生活。埃德的酒吧（Ed′s Bar）和妈妈的比萨（Mama′s Pizza）是两个时髦人士经常光顾的地方。斐济金堡酒店（The Fiji Mocambo Hotel）在星期五和星期六提供现场音乐、锐舞舞会，以及斐济传统歌舞表演。这里收门票，要求客人要着以正式的着装。种植园俱乐部酒吧在喜来登（Sheraton Royal Denarau）酒店。这里还有一个迪斯科舞厅，每星期三夜间有斐济最出名的走火表演，而周六晚上则是斐济传统舞蹈并品尝地道的传统烧烤。

另一个比较潮流的地方是邦蒂酒吧餐厅，在皇后大道。许多外籍人士前来观看体育赛事。对于想找个安静点儿的人来说，皇后大道西边汽车旅馆的咖啡厅不错，这是一个令人放松的夜间钢琴酒吧。

如果你想看电影，楠迪市中心的一些电影院绝对不容错过。从最新的好莱坞大片到印度宝莱坞电影都有定期放映。宝莱坞电影代表着印度文化，非常受斐济的印度同胞欢迎。有些时候，这些电影配有英文字幕，好看的电影值得游客为他们的歌曲和舞蹈鼓掌。在阿什拉姆大街上的银河电影院除周日外，每天有4场电影放映。要找出电影播放时间表，斐济时报有详细的介绍，电影票价比中国便宜的多。

● 楠迪夜色

● 楠迪酒吧

● Ed's Bar

位于楠迪，是一个非常棒的旅游观光酒吧，播放雷鬼乐以及所有的音乐类型。 Ed's Bar距楠迪湾大酒店几步之遥，顺着主路左转，在远离楠迪镇的方向。酒吧中有台球桌，一个小舞蹈池和啤酒花园，适合游客前往，没有着装要求。当地人喜欢的饮料主要是咖啡、红茶以及冰镇的软饮料。

● The Bounty Restaurant & Bar

是当地人和游客喜爱的地方，位于楠迪镇中心，距离楠迪的Ed's Bar，Mercure hotel，Capricorn hotel，Lazy Cactus以及Ohana很近，步行即可。在那里你会找到各种本地、外国啤酒和生啤酒。还可观看大屏幕体育比赛，这里有非常好的气氛，同时还有卡拉OK。

● The Koro Makawa House

在Levuka，The Koro Makawa House是深受当地人和游客喜爱的一家夜总会。工作人员都非常友好，非常欢迎外国人。这里提供的饮料价格合理。

住宿

大多数的楠迪酒店可沿市中心大街找到，并方便到达周边许多餐馆和购物区。和楠迪同一个地区的新城镇和Wailoaloa海滩则显得更加宁静和安逸。皇后大道两旁也有一些很好的住宿选择。楠迪机场到楠迪镇之间有很多经济型酒店和中等预算价格的酒店。如果你想找一个豪华度假村，丹娜努岛（Denarau Island）正是五星级酒店度假村的聚集地。

低预算住宿

• Nadi Downtown Backpackers

位于楠迪镇中央，房间价格包含早餐、24小时机场接送、行李储存、税、免费网络，床位。价格从F$6.76起。没有比这个更便宜的了，曾经上过旅游卫视《刘free 800美元玩转斐济》节目。

地址：主街，P.O. Box 1326

电话：（679）670 0600

传真：（679）670 1541

www.fijihotels.com

• Horizon Backpackers & Travel Centre

一家不错的背包客客栈，过去四年来这里从来没涨过价，是独立的背包客和旅行者的圣地。客栈位于楠迪湾沙滩中心，驱车仅10分钟即可到达楠迪机场和楠迪镇。客栈提供快速宽带网络接入，免费高尔夫以及公共电话服务。标准客房F$50；高级房F$65；高级海景房F$80；多人共享或家庭高级空调房（可容纳5人）F$115；多人共享或家庭高级海景房（共可容纳5人）F$155；宿舍风扇房每人F$15；宿舍空调房每人F$22。

地址：Wailoaloa海滩

电话：（679）672 2832

传真：（679）672 4578

www.horizonbeachfiji.com

- **Hodeco Sunview Motel & Hostel**

斐济最大的背包客聚集地，酒店提供宁静祥和的气氛。房间价格包含早餐、24小时服务，网络接入。客栈还有厨房、酒吧、餐厅和储物柜。床位价格F$14.09起。

地址：Lot 14, Gray路
电话：（679）672 4933
传真：（679）672 4933
www.hodecosunviewmotel&hostelfiji.com

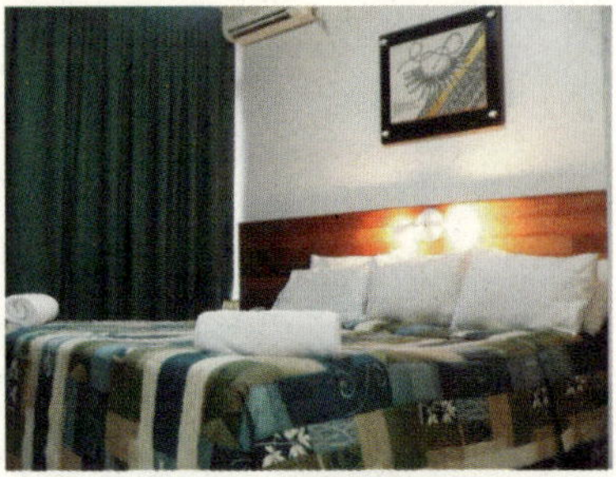

中预算住宿

- **Rosie Holidays**

是一间屡获大奖的旅社，历经多年用心经营、稳固发展，其提供最优惠的价格和最丰富的选择。让旅客在旅程中的每一分钟都精彩，每一秒都化为最欢乐的体验及美好的回忆。

地址：Martintar，P.O. Box 926，楠迪机场
电话：（679）672 2755
传真：（679）672 2607
www.rosiefiji.com
E-mail: it@rosie.com.fj

• Rosie Holidays

- **Tokatoka Resort Hotel**

位于楠迪，共120间客房。这里拥有1间卧室和2间卧室的别墅，拥有较大的生活区并提供厨房。有餐厅和酒吧。所有房间带电视，国际直拨电话，空调和吊扇。度假村的一大特色是它的中央岛大型游泳池、有拱桥、石瀑布和滑水，给孩子们带来乐趣。别墅F$189；家庭别墅F$211；1间卧室的别墅F$249；两间卧室的别墅F$395。

地址：Legalega路，楠迪国际机场对面
电话：（679）672 0222
传真：（679）672 0400
www.hexagonfiji.com/tokatokaresort
Email：tokatokaresort@connect.com.fj

高预算住宿

- **Sonaisali Island Resort**

开车距楠迪机场25分钟路程。在Sonaisali，人们可以尽享私人奢华体验。度假村共有123间房间以及海边别墅，所有房间都可欣赏到太平洋美景。32间空调海滨酒店客房（双人FJ$ 495.00），42间空调海景别墅（双人FJ$ 582），46间空调海滨spa别墅（双人FJ$ 682），以及3间双卧室的家庭别墅（双人FJ$ 819）。度假村有两个餐厅，提供的食物范围有欧洲、印度、斐济以及亚洲美食，另外还有四间酒吧和芳香Spa。

地址：PO Box 2544，楠迪
电话：（679）670 6011
传真：（679）670 6092
www.sonaisali.com
E-mail:sales@sonaisali.com

● Grand West's Villas

酒店位于楠迪湾，距离国际机场和楠迪城约10分钟路程。住宿环境干净整齐。装修风格简洁。所有套间均配有空调、吊扇、ISD电话、电视、茶和咖啡机，以及冰箱。单卧室公寓的小厨房还配有微波炉。套间内配有浴室。酒店内的餐厅和酒吧每天开放，从这里可以看到游泳池和花园。酒店还配有包含滑水道的室外游泳池和两个网球场。单间公寓公寓F$115；1间卧室的公寓F$145；2间卧室的公寓F$212。

地址：Wailoaloa海滩路

电话：（679）672 4833

传真：（679）672 5015

www.hexagonfiji.com

● Hexagon International Hotel Villas & Spa

这里拥有巨大的别墅，具有休闲优雅的气氛。您可以享受酒店设施带给您“家外之家”的感受。别墅包括20座独门独户设施齐全的两个大型单元房，适合家庭或商旅人士。2卧室单元房包含完整的厨房设备、两间卧室套间、主卧室有淋浴设施。各单元房都有空调，也有吊扇，国际长途直拨电话、电视、立体声音响和清洁服务。另外，还有滑梯、网球场、旅游咨询台、花园餐厅和酒吧、礼品店、出租车服务、壮观的游泳池、儿童乐园及其他娱乐设施。标准房间F$86起。

地址：Martintar

电话：（679）672 0044

传真：（679）672 0071

www.hexagon.com.fiji

● Mercure Hotel

纳迪美设立在美丽的热带花园中，距离楠迪机场只有几分钟车程。酒店拥有85间宽敞的客房，1间热带风格的游泳池。具有美味Rokete餐厅和酒吧、Senikai水疗中心、1间会议室、1间健身中心，提供给游客特别是情侣们理想中的热带斐济度假感受。房间价格CNY455.64起。付费无线上网。

地址：Martintar皇后大道，PO Box 111 33楠迪机场

电话：（679）672 2255

传真：（679）672 0187

www.mercure.com.fj

E-mail: reservations@mercurenadi.com.fj

● Novotel Hotel Fiji

诺富特纳迪酒店是一家四星级度假村酒店，经过全新改造，完美融合了现代和传统的斐济风格，休闲的环境非常诱人，拥有 127 间宽大的现代化客房，热情的员工为您提供一流的服务和时尚的室内与室外餐饮体验。酒店位置优越，只需几分钟即可到达楠迪国际机场、楠迪镇和丹娜努岛及港口，方便游客去各个海岛游玩。房间价格F$149起。

地址：Votualevu，斐济

电话：（679）672 2000

传真：（679）672 0324

www.accorhotels.com

E-mail:reservations@novotelnadi.com.fj

● Novotel Hotel Fiji

丹娜努岛
Denarau Island

丹娜努岛
Denarau Island

概况

丹娜努是斐济的热门旅游地区，实际上它就像普吉岛一样，是由一座桥梁连接着大岛的小岛。这里有超过8家著名的酒店供您选择，包括喜来登（Sheraton），索菲特（Sofitel），雷迪森（Radisson），希尔顿（Hilton），威斯汀（Westin）等，这里的服务水准和其在世界上其他地方的一样，得到国际游客的充分信任。

丹娜努的高尔夫俱乐部是斐济最昂贵的俱乐部，但是，却拥有一流的场地景致。长而平坦的球道，还有一些由水域和椰子树点缀的果岭，当您打高尔夫的时候，周围美丽的景致，湛蓝的海水和雄伟的山脉可能会分散您的注意力，引起您错误的判断。这里可提供高尔夫冠军课程，以15个水域18洞标准杆为准，其中标准杆为72杆，最长的是在第14洞，560米，最短的是第17洞158米。南太平洋首屈一指的冠军球场，当然是在丹娜努岛斐济喜来登度假中心。

丹娜努港码头是到周边群岛的主要起点之一。这个迅速发展的游艇码头也是斐济的游艇活动中心。因为非常靠近楠迪机场，因此这里的价值倍增。从著名酒店和度假村的品牌来看，选择丹娜努岛作为游客来斐济的首选度假地一定是正确的。

● 丹娜努港码头

饮食

丹娜努港码头还提供了最优秀的度假餐饮和购物体验。餐饮包括牛排、海鲜、印度饮食、中餐，还有美式硬石餐厅。这里的饮食种类繁多，您可以一边散步一边选择自己喜欢吃的美味佳肴，顺便逛逛商店和工艺品店。

• Hard Rock Café

这是一家国际餐厅。菜单提供了符合国际标准的各种菜肴，烧焦的鸡肉通心粉，巨大的汉堡、烤牛排和鱼。墨西哥薄饼（Fajitas）是真正的墨西哥口味，还有如，来自南卡罗来纳州的猪肉烧烤三明治。价格：汉堡和三明治F$13-F$27；主菜F$18-F$48；接受使用的信用卡：AE, MC, V。

营业时间：11am-10:45pm，接受提前预订

地点：丹娜努港

电话：675 0032

• Hamacho Restaurants

传统的日本菜肴。特色菜肴是铁板烧、清汤火锅、海产品（扇贝、鲑鱼、鲷鱼、龙虾、金枪鱼）、蔬菜、蘸酱。开胃小菜生鱼片、寿司、天妇罗、饺子等。推荐菜肴：铁板烧&寿司。

营业时间：6pm - 10pm（只供晚餐），接受主要信用卡的使用。

地点：Sheraton Royal，丹娜努岛

电话：675 0177

• 丹娜努美食

● 海边用餐

● Cardo's Steakhouse & Cocktail Bar

牛排、海鲜、比萨是这家的看家菜。店主的炭烧牛排和鱼在斐济很出名，是您不容错过的美食选择。价格：早餐F$4.50-F$10；比萨饼F$17-F$32；主菜 F$22-F$49，接受预订。

营业时间：每天7am-10:30p

地点：Port，丹娜努港

电话：6750900

● Seafront Restaurant

这是一家提供国际美食的餐厅。如同Indigo，这家餐厅是Eugene Gomes的另一个项目。这里有很多的美食选择，从简单的炭火牛排、鱼及汉堡到更多更完善的美食，如汉堡、水芹奶油酱鲑鱼。便餐还包括摩洛哥香料或素食馄饨黄鳍金枪鱼。价格：早餐F$5-F$14；汉堡F$16；主菜F$15-F$38；接受信用卡AE, MC, V。

营业时间：每天7am-9:30pm。建议提前预订。

地点：WorldMark 丹娜努岛

电话：675 0722

● Indigo

印度、亚洲风味餐厅。这是一家户外一流的餐厅，富有创意。行政总厨Eugene Gomes离开斐济喜来登酒店餐厅后自己开了Saffron，其旗下的餐厅均提供这个国家最优秀的印度菜肴。最高级的菜肴是果阿猪肉咖喱（Goan pork curry），黄油鸡也很棒。另外还有亚洲风味泰式咖喱和椰浆牛肉咖喱，并且还有八种素食菜肴可供选择。主菜价格F$11-F$48。

营业时间：每天11am-9:30pm；可接受信用卡AE, MC, V

地点：丹娜努港

电话：675 0026

住宿

丹娜努岛有众多度假村可供您选择，这些度假村旅游设施的多样性丰富了游客的生活。丹娜努的酒店还设有专门为各国首脑准备的房间。如果您喜爱高尔夫，在这里您可以享受到一流的高尔夫设施，还备有适合家庭活动的网球、乒乓球等体育设施，以及令人印象深刻的训练课程。

• Hilton Fiji Beach Resort and Spa

希尔顿斐济海滩度假村&水疗中心设有7个以上的泳池，并拥有1.5公里长的私人海滩。此外酒店还设有众多休闲消遣活动，比如互联网和DVD播放器等。明亮以及热带氛围是希尔顿斐济海滨度假酒店的风格，这与主岛仅以一条小海堤相连，与南迪国际机场仅有20分钟的路程，是斐济五星级饭店之一。酒店掩映在热带花园中，拥有豪华的房间设施，周到的服务，高贵的品质。酒店有292个房间和套房。房间价格每晚US$396起。

地址：丹娜努岛
电话：（679）675 6800
传真：（679）675 6801
www.hiltonfiji.om

• Sofitel Resort and Spa Fiji

共296间客房，度假村拥有海滨景观，礁湖游泳池，4家餐厅和2间酒吧。所有房间和套房设施齐全：国际直拨电话、咖啡/茶用具、电熨斗、收音机、遥控彩色电视、迷你冰箱、拖鞋、浴衣、吹风机、室内保险箱以及宽带。另外还有PADI潜水课程。度假村房间F$440；海景房F$470；海洋家庭房F$500；套房F$590；行政套房F$740。

地址：丹娜努岛
电话：（679）675 1111/（679）675 7777
www.sofitel.com
E-mail：reservations@sofitelfiji.com.fj

• Sofitel Resort and Spa Fiji

● Sheraton Denarau villas

● Sheraton Denarau villas

这是最具特色的斐济海滨度假村之一，一派奢华景象。所有客房均配备有自己的庭院或阳台、电视、电熨斗和烫衣板，独立的浴缸和独立淋浴、吹风机、洗衣机/烘干机、套间浴室等设施。这里还包括了6个游泳池，17间餐厅和酒吧，世界级的温泉水疗与高尔夫、网球。

地址：PO Box 9761，楠迪

电话：（679）675 0777

传真：（679）675 0818

www.sheraton.com

● Sheraton Fiji Resort

斐济楠迪丹娜努岛，共有278间宽敞的现代客房，每间客房配有自己的阳台，这里还可以看到茂密的热带花园及海洋景色。全部安置特制的喜来登甜梦大床，大尺寸的双面盆浴室，32寸平板电视，网络以及大床或两张双人床。家庭套房还可以利用互联房间的优势，有成人和儿童的独立空间，让人们真正享受假期。房间价格RMB2,384元起。

地址：丹娜努岛南

电话：（679）675 0777

传真：（679）675 0818

• Worldmark Wyndham Vacation Resort

度假村提供单元房，客房内设施完备，有空调、卫星电视、电话、风扇、阳台、大床、吹风机等。度假村有大型室外泳池、酒吧、儿童泳池、户外浴缸、中心日光浴场以及烧烤区、便利店、健身中心、美容按摩中心、餐厅、旅游咨询台等设施。在度假村可以进行浮潜、潜水、独木舟探险、18洞高尔夫球 、乘坐喷射艇、跳岛邮轮巡航、钓鱼、帆船巡航珊瑚岛等丰富多彩的活动。

地址：丹娜努岛、PO Box 10727 楠迪

电话：（679）675 0442

传真：（679）675 0441

www.worldmarktheclub.com/resorts/fj

• The Westin Denarau Island Resort & Spa

占地 12 公顷的丹娜努岛威斯汀水疗度假酒店就坐落于宁静幽谧的天然海滩之上。设施齐全的宽敞房间内配有居家所需的一切设施，包括单独的起居区、厨房、洗衣机和吹风机。274间客房，每个房间都拥有私人阳台，可以欣赏到太平洋和浓密的热带花园景色。所有房间都带有每日服务和空调，国际直拨电话，茶/咖啡具等设施。这里还有18洞锦标赛高尔夫球场地、网球草坪场地、4个会议中心和18间餐厅以及酒吧。房间价格RMB2,076元起。

地址：丹娜努岛北

电话：（679）675 0000

传真：（679）675 0818

www.westin.com/Denarauresort

• The Westin Denarau Island Resort & Spa

• Radisson Resort

• Radisson Resort

这是斐济最豪华的海滨度假村之一，度假村坐落在众多的潟湖周围。这里有热情好客的斐济人，繁茂的热带花园。度假村共拥有270间奢华宽敞，并拥有赋予斐济当地和现代特色的客房和超大套房。无论是客房还是套房均可看到花园、礁石以及大海的景色。房间价格F$451.76起。

地址：度假村路，丹娜努岛

电话：（679）675 6677

传真：（679）675 1117

www.radisson.com/fiji

E-mail:reservations.fiji@radisson.com

• Golf Terrace Apartments

酒店位于斐济的丹娜努岛，拥有优秀的18洞冠军赛高尔夫场地，提供机场接送巴士服务。公寓内设施齐全，提供每日服务，全空调和吊扇、电话、冰箱和洗碗机、熨斗和熨衣板、电视、电热水壶、烤面包机、咖啡壶，所有房间都实现无线上网功能。另外还有一间迷你酒吧。

地址：PO Box PD 079，丹娜努港口

电话：（679）675 0557

传真：（679）675 0899

www.golfterraces.com.fj

E-mail: sales@golfterraces.com.fj

苏瓦
Suva

苏瓦
Suva

概况

苏瓦是斐济的首都和主要港口，位于维提岛的东南沿海，是南太平洋最大的城市。众多不同的种族和文化在这里汇集，给这座城市注入了更多的活力。苏瓦是斐济的政治中心，作为斐济的行政首府，南太平洋大学也坐落于此。苏瓦主办了三次（1963，1979和2003年）南太平洋运动会。这一重大体育盛事每四年举办一次，包括个人射箭、篮球、曲棍球、游泳、橄榄球、独木舟和许多带有地方风格的体育项目。

苏瓦港还是中国远望六号停靠的第一个外国港口，当时中国神舟七号载人航空飞船飞行的时候，海上测控任务由远望六号执行，这也是它的第一次任务。中国卫星海上测控部所属的远望号测量船已先后12次停靠苏瓦港。

苏瓦拥有海港和热带山地的风景，使其极富有吸引力。这座悠闲的城市周围都是山地，并有一些绝佳的风景。是什么让苏瓦如此独特，不同于世界其他国家的首都呢？这个城市节奏缓慢，人民友好，拥有老式的殖民建筑和许多美丽港口，这都是值得游客去探索的原因。

苏瓦半岛有5公里长，3公里宽，主要市场位于苏瓦市中心，港口和维多利亚区也位于这里。在市区建造的维多利亚老城聚集了苏瓦绝大多数的商店、俱乐部、餐厅，这里是其主要的商业区。从这里向南是政府大厦、阿尔伯特公园、瑟斯顿花园和斐济博物馆。在苏瓦的东部，你会找到南太平洋大学和国家体育场。苏瓦有值得一去的博物馆、不错的酒吧与喧闹的夜生活。

● 苏瓦市区

● 苏瓦港口

城市的中心有许多殖民时期留下的建筑，包括一座广场以及许多餐厅和商店。领略苏瓦魅力的最好方法就是徒步旅行，这座城镇里有着充满活力的滨海大道，多姿多彩的苏瓦传统市场以及风格各异的寺庙，清真寺和文化中心。只有来到这里，你才能真正了解南太平洋国家迷人的魅力。

这里值得你花上数天来领略风情，您可以享受苏瓦的夜生活，参观博物馆，到传统市场购物。城市漫步可以使你有机会欣赏这个弹丸之地。对于想寻找世外桃源的游客来说，您可以访问科洛苏瓦森林公园（Colo-i-Suva Forest Park），这里保护了斐济很多珍稀濒危植物和动物物种。此外，这里还有许多大使馆和企业总部。每年，许多国际游客来到这里旅行。

苏瓦最主要的缺点是它没有沙滩，该地区以雨闻名，因此，这里的行程受到很多限制。大部分酒店都为迎合商务人士而开。这里最好的商务酒店是Tanoa Plaza，位于苏瓦城市中心，另外就是人们能够负担得起的Suva Motor Inn。

在苏瓦要是怕迷路，最好记住3条主要的道路：皇后大道、王子路和国王路。沿途是瑙苏里国际机场，苏瓦的门户和入境地点。游览苏瓦的好办法是 从附近的斐济旅游局要一张免费的地图。

背景知识

历史上，苏瓦原本是一个很小的聚居点，除了澳大利亚人，很少有外国人来到这里。1870年，自称斐济国王的鲍为了清理他的债务同意向澳大利亚波利尼西亚公司出售苏瓦半岛。不久苏瓦开始扩建，到19世纪80年代已成为一个大型城镇，于是首都从列雾卡迁到这里。到1920年年初，苏瓦已经成为一个繁华的殖民地中心。之后，斐济获得独立，苏瓦成为该国的首都。

交通

虽然苏瓦不是斐济主要的入境口岸，但作为首都，无论是搭乘飞机、巴士和船只都可以到达这里。你可以乘坐飞机降落在苏瓦瑙苏里国际机场。作为国内机场，该机场提供到其他岛屿的航班。

斐济国内航班——最方便

没有太多的国际航班在这里起降，除了斐济太平洋航空公司飞往澳大利亚的悉尼的航班以及飞往汤加的汤加皇家航空公司。这里主要作为国内机场，提供的是到国内其他岛屿的航班。瑙苏里国际机场是 斐济航空的大本营。

出租车——周边价格不超过10斐币

苏瓦交通便利，出租车很容易找到，在苏瓦乘坐出租车也不贵，一般到周围地区价格不超过10斐币。晚上乘坐出租车F$1.50起。最方便的旅行方式还是通过旅行社，采取包车的形式前往。一旦你到了苏瓦，在城市里转悠就很容易了。在夜间最好搭乘的士，苏瓦的街道上晚上没有白天那么安全。

巴士——最方便

在苏瓦，乘坐公共汽车很便宜，你也可以从楠迪乘坐巴士到此。

城际巴士——最省事

从斐济楠迪到苏瓦也有很多小卡车运营服务，这也是出行的一个好主意。如果你跟着旅游团队的话，成本相对便宜。

● 前往苏瓦的游船

● Nananu-i-Ra小岛

旅游全攻略

苏瓦有很多有趣的地方值得一游，当你通过一次徒步旅行来探索这座城市，你不仅可以发现苏瓦友好的当地人，更有机会在当地许多的餐馆，咖啡馆和酒吧享受一顿地道的美食。

斐济博物馆坐落在卡考鲍路（Ratu Cakobau Road），这是一个优秀的旅游景点。展馆内展品非常丰富，陈列的文物反应了斐济丰富和有趣的历史、文化。你还会发现一些介绍人物、语言和宗教的展品，包括一些精彩的见解。博物馆的外观上采用了斐济食人部落的建筑特色，这反映了当时部落间的冲突和对抗，以及血腥争斗。最有意思的是，有只相当大的斐济传统双体船（Drua）在这里展示。这是一只传统双体船，它显示了斐济土著民族在很早的时候就是优秀的航海民族。博物馆的二楼是一个艺术画廊，这里展出了很多杰出的本地印裔艺术家的作品。

南太平洋大学是一个被茂密的草坪和美丽的花园环绕的地方。凭借其优良的设施，这所大学成为了南太平洋的一流学府，拥有超过11000名学生。校园西北角有一个植物园，学生和当地艺术家在这里展出了很多绘画和雕刻作品。

如果您在8月期间造访苏瓦，参观一下克西米纳拉扬神庙（Shree Laxmi Narayan Temple），它位于荷兰街。这个交织着蓝色和橙色色彩的庙宇有走火仪式和印度针刺身体的宗教仪式，这个仪式类似于马来西亚和新加坡等国在大宝森节上的仪式。

苏瓦的市场是一个买卡瓦酒和许多地方美味佳肴的好地方。在罗德维街（Rodwell Road），这个繁忙热闹的市场里出售着水果、蔬菜、香料以及鲜艳的印度甜食，无所不有。在市场的顶层，你还会发现有烟草和卡瓦酒出售。你还可以到卡明街（Cumming Street）去尝尝印度咖喱，在附近的维多利亚公园与当地人驻足聊天，这也是一种融入斐济生活的体验。

● Nananu-i-Ra小岛

Nananu-i-Ra小岛仅为3.5平方公里，是维提岛上人们远离大岛的度假之地。这里是潜水、浮潜和帆板运动的胜地。还有几个漂亮的白色沙滩，让人更加放松。这里距离埃林顿码头只有3公里，岛上没有村庄，只有5个度假村。

● 潜水

在Nananu-i-Ra小岛上潜水和浮潜是重要的休闲项目，这里有大量的热带鱼和美丽的软珊瑚。但是，在岛上的北部沿海还能看到海蛇。你甚至可以到外海周围的珊瑚礁去潜水，特别是该岛北部特别的（Bligh Water）潜水点。岛上有两家以潜水为主的度假村，他们是Ra Divers和Crystal Divers，他们都提供潜水一日游和培训课程。

● 风帆冲浪

● 风帆冲浪

在旱季时，这里常有来自南回归线的信风，这使得小岛拥有了风帆冲浪的先决条件。特别是六月至八月期间，天气条件非常好，每天吹大风，风帆可以保证10海里的速度。如果你在这段时间访问本岛的话，一定要提前预订旅馆，因为许多人会来此度个具有挑战性的假期。

● Nananu-i-Ra小岛住宿

Nananu-i-Ra小岛总共有5个住宿地点，其中4个是经济型酒店，而另一个是度假村。麦当劳海滩别墅（McDonald′s Nananu Beach Cottages），贝瑟姆的海滩别墅（Betham′s Beach Cottages），查理别墅（Charlie′s Place and Nananu Lodge）和Nananu Lodge都是廉价的住宿地点，提供了良好的住宿和服务，适合背包客和低预算的冲浪者。前3个都靠的不远， Nananu Lodge别墅坐落于岛的西北部。Mokusigas度假村比起其他四家酒店，价格相对较高，但是它拥有岛内的一些美景。这里的房间价格包括早餐和大量的活动，如风帆独木舟、浮潜、网球、钓鱼、潜水等等。

■ 苏瓦自驾车之旅

从国王路——瑙苏里

国王路自苏瓦一直到劳托卡，沿维提岛的东部和北部边缘行驶，全长大约265公里长，这条道路连接着沿途城镇和乡村，还提供了一些景色秀丽的景点。

国王路将苏瓦的瑙苏里和雷瓦三角洲也连接起来。从苏瓦驾车约19公里就到了瑙苏里，这是一个小城镇，附近就是瑙苏里国际机场。这里是当地农业和工业交通运输的主动脉。在这繁忙的城镇里有一些银行和餐馆。国王路中的苏瓦瑙苏里路段是斐济最繁忙的公路，在交通繁忙的时候旅行，会让你时常陷入交通拥堵之中。

靠近瑙苏里的是纳西莱村和天主教教会。这个村在苏瓦非常受欢迎，很多顺路的游客和当地人都前来购买陶器。陶器遍布整个村庄，你可以买到各种陶器，这些都是传统陶瓷制作工艺的产品。斐济最著名的陶艺家之一Taraivini Wati就生活在此，在他的帮助下，居民将制作陶器作为了主要收入来源。这里构成了您前往雷瓦三角洲探险的一部分。

从瑙苏里您还可以去参观巴乌小岛（Bau island）。然而，到那里，您需要得到斐济事务部的特别许可。是什么使这个小岛屿显得那么重要呢？原来，它曾是国王卡考鲍和他的父亲塔努阿的部落的发源地。今天，这里有许多地方值得一看，包括酋长墓地、牺牲石和古老的教堂。

靠近巴乌小岛的是Toberua小岛以及Toberua岛度假村，这里最初是作为隐居之地。今天的度假村，绝对是那些想远离人群归隐山林人士的好去处。这里的海滩非常适合浮潜、划船，你也可以用力挥杆，来一下斐济沙滩高尔夫。

从国王路——科罗沃

从苏瓦驾车，沿着维提岛北部的东海岸飞驰，在前往劳托卡的路上，周围壮观的景色让您感觉似乎身在夏威夷或加利福尼亚的西海岸。在途中，你会发现一个距苏瓦约50公里处的小村庄。这是斐济奶业中心，科罗沃并没有真正的旅游景点，只有几个商店，以及时常关门的邮局。Tailevu酒店坐落在山上，俯瞰整个城镇，您花费不多的预算就能在这里住宿。一个家庭套房可以睡5人，别墅租金你也支付的起。在这里，您还可以参观瓦伊洛图阿蛇神洞，位于科罗沃约23公里处。这是一个有趣的地方，这个洞穴里有一个六头蟒蛇造型的钟乳石，还有许多著名的传说。

当你继续开车，从科罗沃前往Rakiraki，您将路过斐济乳品业地区，以及沿途许多僻静的村庄。大约距离科罗沃14公里，您将来到美丽的乌鲁瀑布（Uru′s Waterfall）。这是一个绝佳的停留地，你可以在此地伸展你的双腿，享受你周围宁静的田野。这里只有瀑布水流冲击峭壁的声音，回荡在幽静的空谷之中。

从国王路——Rakiraki

当你开车，顺着国王路一直向Rakiraki地区进发的时候，周围的景色变得越来越美丽。Rakiraki坐落在维提岛北端。一路上，你会路过高耸的山脉（Nakauvadra峰）。据斐济传说，这些山峦是蛇神（Degei）的家园，是它创造了斐济群岛。

Rakiraki本身是一个小村庄，当你离开Rakiraki村子时，你会路过埃林顿码头，从那里可方便地到达Nananu - 1 – RaIsland岛，坐船只需要15分钟。靠近Rakiraki，你还会找到瓦伊莱卡镇。这里有一个公共汽车站、商场、超市和小咖啡馆。这个镇是一个值得您停留的落脚地。你还能在这里找到两家银行，西太平洋银行和殖民地银行，在这里您可以兑现自己的旅行支票。

• Rakiraki

在该地区，你还会发现Udreudre的墓。这是斐济最出名的食人族的最后安息之地，这个斐济食人族（Udreudre）据说吃了至少872人，可以说是连块骨头都不剩。

你还会发现这里有两家酒店。Rakiraki酒店，有自己的游泳池、网球场、草地保龄球和9洞的高尔夫球场。另一家Wananavu海滩度假村，坐落在一座小山上，你可以从在这里远望Nananu-i-Ra岛。客人的住宿条件非常好，度假村提供网球、排球、跳水、潜水活动，还有一个很好的餐厅和酒吧。

Rakiraki东南大约25公里处是Naiserelagi天主教教堂，建于1917年。是什么促使你探访这座特别的教堂呢？是因为在1962年，法国人让夏洛（Jean Charlot）在教堂里画了一幅黑色的壁画。壁画描绘了圣经里的故事，还纳入了斐济塔努阿和塔布阿壁画中的许多艺术元素，绝对值得一游。

● 斐济博物馆

Top 10 四处游览

1．斐济博物馆

斐济博物馆坐落在苏瓦，这里是南太平洋地区收集斐济传统工艺品最多，关于斐济历史文化藏品最丰富的博物馆。馆里收藏品的历史可以追溯到欧洲人发现斐济以前，斐济人传统的生活用品，其中包括食人族使用的叉子、木棍、卡瓦碗、贝壳饰物以及其他具有考古价值的手工制品。此外，馆里的收藏品还包括在1789年被焚烧沉没在皮特克恩岛的英国博爱号船上所遗留下来的文物以及马西人的服饰和传统文化展示。

2．卡莱维南太平洋文化中心

如果游客对原始的斐济文化很有兴趣的话，那么这座规划完善，资讯丰富的文化中心中可供你找到你所感兴趣的一切。你可以看到传统的卡瓦酒和手工艺品制作流程以及古斐济人钓鱼和烹饪方法的演示。此外，文化中心还收藏有来自萨摩亚群岛、基里巴斯以及新西兰的展品，可以让游客更加全面的了解南太平洋地区人民的生活方式。文化中心一日游还包括一顿斐济特色地灶烹饪而成的饭菜和观看传统的舞蹈。

3．库拉苏瓦公园

公园提供6公里的徒步路线，从苏瓦穿过热带雨林至少需要20分钟。区域里还有瀑布、原始植物、公园鸟类，美丽的风景以及住宿服务。公共巴士经过库拉苏瓦公园可到达更远的Naitasiri中心。旅客可以进入传统的农村，但必须遵守相应的村庄礼仪。

这座美丽的小公园是斐济唯一的野生动物保护区，公园位于一条小河岸边的热带森林里，公园的树上栖息着很多珍奇的鸟类，而其水族馆里也饲养着许多本地特有的热带鱼类，向游客们展示了斐济原始森林的真正面貌。

4. 苏瓦传统市场

苏瓦传统市场是南太平洋最大的市场。在这座充满活力、多姿多彩的公众市场中，游客可以找到各种各样的热带产品和手工艺品。作为苏瓦最主要的市场，它向游客们展示了这座城市中人们日常生活的真实场景。一到周末，人们就来到这里采购商品，而整个市场也立刻变得拥挤起来。在这里最常见的就是一手拿着一捆芋头，一手拎着一篮水果的小贩。

5. 瑟斯顿花园（Thurston Gardens）

这是苏瓦的一座公共植物园，紧挨着斐济博物馆。公园里种植了很多热带植物、本地的灌木。这座花卉花园赋予了繁忙的城市中心一种平和的氛围。

6. 斐济议会大厦

斐济议会大厦也值得一游。大厦于1992年建成，其设计和建造反应了斐济传统的价值观和艺术风格。议会大厦从传统的斐济房屋中寻找到了灵感。这里不向公众开放，但是，如果你事先预约，他们可以安排你的游览行程。

7. 圣三一教堂

这里以其不同寻常的船形外观和斐济挂毯而闻名。找一个星期天来到这里，赶上当地唱诗班演唱，那宛如天籁一般的声音，一定让你内心异常平静。

8. 科洛苏瓦森林公园（Colo-i-Suva Forest Park）

如果你喜欢徒步旅行或远足，那么你应该去参观科洛苏瓦森林公园（Colo-i-Suva Forest Park）。这里有很多地方适合健行，苍翠的绿色公园，还有3个游泳池，野餐桌，更衣室和客栈都一一具备，当地人经常在这里野餐。如果你是一个标准的登山者，你可以爬山（Mount Korobaba），这大约要花费你两小时的时间，然而当你登上了顶峰，周边令人难以置信的美景将让你收获匪浅。请记住，在你攀登之前，你应该向斐济旅游局申请批准。如果您愿意，您也可以同苏瓦的背包跋涉探险俱乐部联系一下。

● 科洛苏瓦森林公园

9. 贝卡潜水点（Beqa Divers）

在苏瓦潜水，贝卡潜水点（Beqa Divers）是距离苏瓦路程最近的潜点，要注意的是——在贝卡潟湖无论你是游泳、潜水、浮潜，这里仅适合那些经验不多的潜水新手。你还可以参加各种潜水课程。对于那些有兴趣冲浪的朋友，在苏瓦灯塔附近冲浪比较时髦，不过要搭乘船只前往，那里的海浪还是不错的。如果您不确定该去哪，联系并咨询一下斐济冲浪协会。

10. 苏瓦皇家游艇协会科罗沃俱乐部

在苏瓦，帆船运动是一项深受当地人喜爱的消闲活动。苏瓦皇家游艇协会科罗沃俱乐部位于苏瓦港。开放时间，周一至周五，并对外参观。该俱乐部还设有餐厅、酒吧以及一个ATM机和家庭娱乐游戏区。这里的酒吧是当地流行的地方聚会场所，作为游客，你将有机会和当地人共享一个欢乐的午餐。

夜生活与娱乐

虽然苏瓦夜生活非常丰富多彩，但是这里的娱乐活动和世界上大多数国家的首都比起来，还是会显得安静许多。如果您正在寻找一个体验当地生活方式的地点，那么每周五和周六晚上去维多利亚附近逛逛还是会有所收获。这有很多酒吧、俱乐部和餐馆，即使到了凌晨，仍然有很多酒吧继续营业。这里跟澳洲和英国一样，饮酒的客人非常多。你可以从历史悠久的上海餐馆开始，了解繁华的苏瓦夜生活。这里以前是个殖民地建筑，一对来自上海的夫妻将这2层维多利亚式建筑改成了中国餐馆，当你站在2层露台上远眺，可以看到周围是一个非常时髦的闹市区，也是斐济各界名流经常出没的地方。

陷阱酒吧是城市里最受欢迎的酒吧之一，周末晚上这里有准备充分的鸡尾酒等着你来小酌。这里也是社交的好地方，酒吧后方有一个舞池和桌球室。星光大道酒吧餐厅、马厩酒吧、JJ酒吧，都是聚会人士流连忘返的地方。欲了解更多当地夜生活和聚会的信息，请留意斐济时报。

如果你喜欢看电影，斯科特街有个综合电影院，这里往往放映最新的好莱坞电影。当然也有印度宝莱坞电影，看他们在屏幕上载歌载舞，也是一种享受。

在苏瓦，如果要度过一个安静的夜晚，去星光大道的餐馆吃饭是个好主意。Raintree Lodge餐厅提供从西式正餐菜肴到传统的斐济大餐的各色菜肴。对于想尝试海鲜烧烤的客人来说，JJ′s酒吧和 Grill酒吧不会让你失望。

如果你喜欢辛辣食物或想品尝异国情调的印度咖喱，首都苏瓦的许多印度餐馆会让你挑花了眼。您可以在Ashiyana和Hare Krishna餐馆尝试一下众所周知的印度菜。在苏瓦有很多华人、日本人和韩国人经营餐饮业，海产品异常丰富。这里的菜肴口味纯正，但是价格只相当于国内的一半。

喝咖啡和吃快餐，Republic of Cappuccino是一个非常受欢迎的流行餐饮连锁店。Kahawa,，也能让你花最少的钱，享受最快捷的食品和服务。

● 苏瓦夜生活

购物

苏瓦拥有众多零售商店，出售服装、珠宝、鞋子和手工纪念品，价格便宜。苏瓦后街——卡明或马克街是小零售商的中心，他们出售衣服和鞋子。你还可以走进一家裁缝店，选择好布料，让裁缝为您量身定做一套衣服。另外还有一些商店包括斐济的Jacks，苏瓦中心大厦的Prouds、海港政府大楼、斐济Tappoos、Pure Fiji factory、Downtown Boulevard、Parade Archade、Mid-City Mall和Sports City。

在苏瓦的市场，你还可以找到新鲜的农产品和水产品。苏瓦市场正好位于苏瓦市中心，那里是一个出售新鲜蔬果的市场，包括各种不同种类的热带水果和素什锦（Veges）。苏瓦手工艺中心在水果素什锦市场的左边，是苏瓦的工艺品市场。这里摆满了一排排斐济木雕、草编工艺品以及丰富的斐济纪念品。记住一定要和店主谈个好价钱哦！

波利尼西亚手工工艺品商店（Polynesian Handicrafts），位于苏瓦皇后大厦，手工工艺品中心有篮子等编织品出售。Morris Hedstrom（MH）是斐济最大的批发和零售的超市连锁市场以及家庭主妇用品商店。

• Tappoo

这里的商品范围很广、设计高雅，包括电子产品、照相机、体育用品等。Tappoo百货公司位于苏瓦、楠迪和Sigatoka的主要商业中心。这些商店提供了很多国际品牌的商品，以满足最苛刻顾客的需求与品位。其中阿迪达斯运动服装比国内便宜将近一半。在斐济酒店内也有他们的度假服装精品店、礼品店以及便利店，提供高档度假奢侈品，以及优惠的美容化妆品等。

电话：（679）650 0199

www.tappoo.com.fj

• Gathera

位于维多利亚大道昆士兰保险大厦。Gathera聚集了整个南太平洋最美丽的商品，如手工吊床、肥皂、蜡烛、床罩和雕刻等，虽然这些商品并不便宜，但品质优良。

营业时间：周一至周五9.00am–5.00pm，周六9.00m–6.00pm。

电话：330 5565

• Tiki Togs

位于维多利亚大道，主要出售丝网印刷的男女服装以及带有独特的南太平洋设计风格的服饰。这些有特色的斐济和南太平洋岛屿款式，独具魅力风格。

饮食

苏瓦的传统饮食是鱼类、蔬菜与椰子等当地产品。而如今，从新西兰进口的肉类罐头、高脂肪快餐、羊肉等食品，已成为目前苏瓦居民的主食。如果在夜晚来到苏瓦当地的酒吧、夜总会或者是餐馆都是不错的选择。周五和周六的晚上最受欢迎的地方是苏瓦繁忙的维多利亚大道，那里有斐济、中国、欧洲、印度或国际等不同风味的餐馆供你选择。

目前，在如海豚美食广场、港湾中心美食广场、中环苏瓦美食广场、市区大道美食广场以及Joji's的中国食品、Sukuna公园外的烤肉摊甚至在苏瓦手工艺中心后面的当地外带食品店，都有美食可品尝且价格都很合理，膳食也多样。

• Singh's Curry House

提供斐济便宜且美味的地道咖喱。特色菜肴是辣咖喱、酸辣酱和泡菜。这里是来斐济一定要拜访的地方，因为他们的斐济-印度咖喱是最棒的。这里并不是传统的印度咖喱，还混搭了当地的香料，因此非常受欢迎。如果你想在这里找到座位，一定要在12点前到达，因为12点45之后只能选择外卖了。价格在F$3-8左右。

营业时间：周一至周六09：30-21：30，周日10：30-20：00。

地点：高登街和维多利亚大道的角落

电话：359 1019

• Castle Restaurant

这家餐厅经营中国&国际性菜肴。特色菜是中国的红烧肉和蒙古菜肴。这里可让您在凉爽的条件下用餐与饮酒（酒水不可自带）。提供外卖餐饮服务。餐厅共有110个座位，附近有街道停车场。价格范围: F$5 - $20。接受主要信用卡的使用。

营业时间：周一至周六11am - 3pm & 5pm - 9:30pm营业，周日&公共假日关闭。

地点：6 Fenton St Lami

电话：336 1223，336 2294

● Peking Restaurant

主营中国菜，以地道的粤菜为特色。餐厅可同时容纳120人用餐。

营业时间：11：30am-10：30pm，

地点：195 Victoria Parade

电话：331 2939

● Vine Yard Palace Restaurant

主营中国菜。特色菜肴是海鲜&自助午餐。推荐菜肴是葱汁烤鸡片。在餐厅门前停车即可。自带酒水开瓶费每人$10，有承办酒宴以及外带美食服务。私人宴会厅可同时容纳350人进餐。主菜价格范围F$8 - F$20。可使用信用卡付款。

营业时间：11.30am-2.30pm &晚餐6pm - 10pm，

地点：Victoria Parade

电话：331 5546；331 5111

● Malt House Brewery & Restaurant

国际餐厅，接受预订。Paul和Noeleene Roadley的微型酿酒厂，是南太平洋版本的德国啤酒嘉年华，有众多啤酒、黑啤可供选择。这里用餐环境浪漫，还提供海鲜、烤肉类，沙拉以及巨大的可供多人共享的比萨饼。价格：比萨饼F$5-F$19主菜F$18-F$30。

营业时间：每天11am-10pm，接受的信用卡种类：AE, MC, V

地点：Jerusalem路88号，Vatuwaqa

电话：337 1515

● 苏瓦美食

住宿

在苏瓦住宿不是件困难的事情，酒店、旅馆、汽车旅馆和客栈到处都是。在苏瓦住宿的选择种类很多，在城里也可以找到很多便宜预算的经济酒店。如果您是自驾车前来的，这还有几个苏瓦的汽车旅馆，而如果你是商业旅行，许多豪华的酒店足够满足你的要求。

如果你想逃避城市的喧闹，苏瓦最知名的经济型酒店是Raintree别墅，位于附近的科洛苏瓦森林公园。这里向客人提供一系列住宿设施，又非常注重您的隐私。价格较高的斐济布瑞别墅（斐济传统茅草屋）也在这里，每周日在湖畔还举行斐济传统地下烧烤宴会。

如果您想在苏瓦市中心逗留数日，阿南德街后面的殖民地小屋也是一个不错的选择，这里客房舒适，还有共用的浴室。苏瓦的另一个很棒的住宿选择是美国上校花园别墅，那里有一些可爱的别墅式房屋，旁边就是大学的植物园，住在这里的你可以随时进去逛逛南太平洋大学。

如果你有充足的预算，维多利亚区的假日酒店（Holiday Inn）是你在苏瓦理想的住宿地点。这里靠近城市的中心，有宽敞的客房。这家酒店总是忙碌而充实，因为它为往来于此的商人提供了便捷的服务。Southern Cross Hotel是苏瓦最好的酒店之一，这里不但有豪华的内饰装修，还具有乡村俱乐部的氛围。这里的房间大，设备齐全，还提供优良的餐饮服务供客人享用。

■ 低预算

• Raintree Lodge Eco-Tourist Resort

苏瓦第一家完全以生态为概念的旅游度假村，是苏瓦地区最好的背包客度假村之一。度假村总共可同时容纳82人住宿。住宿类型包括多种组合，从宿舍到私人双人房、双床客房以及铺位房间均有。4间分离的草屋内部设有大床、冰箱酒吧、茶和咖啡用具、私人浴室以及可以俯瞰湖景的阳台。所有草屋房间内带有吊扇、蚊帐、茶及咖啡用具、套房、电视、冰箱酒吧和阳台。宿舍房提供酒店品质床与床单、毯子、枕头和毛巾、湖泊花园景。宿舍房每人F$25起；草屋F$165。

地址：Princes Rd Colo-i-Suva
电话：（679）332 0562
传真：（679）332 0113
www.raintreelodge.com

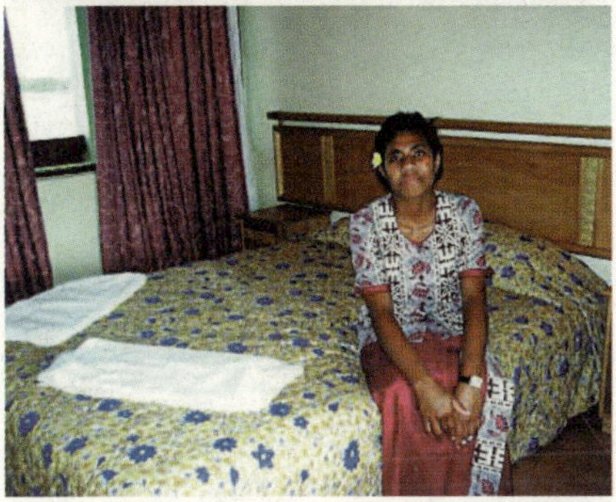

• Sunset Apartment Motel

• Sunset Apartment Motel

这里距离市中心几分钟路程。宿舍通常很干净，带有共享浴室、厨房以及24小时接待和个人储物柜。总共有12间公寓，4床起居室和一个12床混合宿舍。每人每晚F$6 、F$7.28起。

地址：苏瓦Gordon 街P.O.Box 485

电话：（679）330 0055

传真：（679）330 3446

E-mail: townhouse@ connect.com.fj

• Travel Inn Apartments

该公寓是一座两层木制建筑，内有多种单人房和双人房。这是很受国际游客和参观者喜爱的住宿地。4间公寓都带有厨房、浴室和太阳能热水；16间单人和双人/双床房间带有共享浴室和冰箱、公共厨房、吊扇、蚊帐、床上用品和清洁服务。房间装饰简单，但很舒适，并提供令人心动的价格。单人房F$37；配套齐全的公寓F$63。

地址：Gorrie街19

电话：（679）330 4254

传真：（679）330 8646

www.fiji4Less.com/travel.html

■ 中预算

• Colonial Lodge

这里是您在苏瓦中心的家。提供健康的早餐和家常晚餐，是唯一在苏瓦提供早餐和床位的寄宿家庭旅馆。宿舍F$30，单人房F$38，双人房F$70，三人房F$100，家庭房（4-6人）F$ 130，独门独户设备其齐全的客房F$ 80（单人）—F$ 85（双人）。

地址：Anand街19号，远离Robertson路

电话：（679）330 0655

传真：（679）330 0655

www.coloniallodge.com.fj

• Holiday Inn Suva

位于苏瓦市中心，可以看到苏瓦港口的景色，从这里可以步行去苏瓦市区、商业和购物中心。茂盛的热带花园和大方雅致的酒店，结合海洋景观，是熙熙攘攘都市生活中的一片宁静的绿洲。130间客房，1间套房，90间非吸烟房，20间双人房，110间单人房。酒店靠近海滩，有室外游泳池、客房洗衣设施（洗衣机/烘干机）、设有酒廊、熨斗/熨板、咖啡壶、提供室内健身设施、吹风机、空调公共区。

地址：501 Victoria Parade

电话：（679）330 1600

传真：（679）330 0251/331 2613

www.holidayinn.com

E-mail:reservations@holidayinnsuva.com.fj

斐济全攻略

苏瓦与太平洋港

- Quest Suva

位于苏瓦中部，提供32间设施齐全的单间公寓，1间卧室或2间卧室的服务式公寓。从酒店步行即可到达餐馆、酒吧、购物中心、海滨、使馆和一些重要政府企业办事处，是商务旅行休闲的理想住所。

地址：苏瓦中心Renwick路

电话：（679）331 9119

传真：（679）331 9118

www.questsuva.com

E-mail:questsuva@connect.com.fj

■ 高预算

- Tanoa Plaza

共有60间客房，酒店中带泳池、餐厅和酒吧以及会议中心。位于城市中心紧挨着大使馆和商业区的黄金地段 。所有房间都有空调，洗衣服务，房间均可看到美丽的风景。高级房F$200；豪华客房F$225；行政客房F$440。

地址：苏瓦Cnr Gordon和 Malcom街

传真：（679）330 1300

电话：（679）331 2300

www.tanoaplaza-fiji.com

Email: tanoaplaza@connect.com.fj

- Tanoa Plaza

• Suva Motor Inn

共有房间20间。苏瓦汽车旅馆位于苏瓦市中心，接近阿尔伯特公园、政府办公室和使馆心脏地区，地理位置良好，是探索苏瓦和商务旅游的好起点。旅馆客房干净整洁，带游泳池，Studio公寓房F$156；2床公寓 房F$244。

地址：苏瓦Cnr Gorrie & Mitchell街
传真：（679）330 0381
电话：（679）331 3973
www.hexagonfiji.com

• Nanettes' Accommodation

有着便捷的位置，舒适的住宿环境以及友好的员工。含有早餐和住宿的假日别墅，是四星半级酒店，距离海滩和度假村仅几分钟步行距离。房间的卧室很大，套间带空调。设备齐全的厨房带冰箱，开放式设计的休息室、餐厅和桃木天花板房间，品位奢华。每日均提供客房服务。每间房每晚F$150，每栋别墅每晚F$600。

地址：Extension街56号
电话：（679）331 6316
传真：（679）331 6902
www.nanettes.com
Email: nanetteshomestay@hotmail.com

• Suva Motor Inn

太平洋港
Pacific Harbour

太平洋港

Pacific Harbour

概况

远离珊瑚海岸，距离首都苏瓦半小时路程的地方就是太平洋港，太平洋港是个值得您探索的区域。这里有大量的河流和乡村可供游人旅游参观，另外这里还有文化中心可供游览。

太平洋港是“斐济冒险之都”，从楠迪机场（Nadi Airport）乘车两个半小时就到此地。沿途可以欣赏“珊瑚海岸”的壮丽风光，从苏瓦来这里只需45分钟的车程。太平洋港有非常多的户外活动，你可以选择在这里做任何刺激的冒险活动。18洞的高尔夫锦标赛球场，纳武阿（Navua）河漂流、冲浪、钓鱼比赛，以及一些潜水点、冲浪点都在这里。在美妙的贝卡礁（Beqa Reef）附近，你还可以在南半球最长的珊瑚礁海岸沿线进行非常刺激的潜水喂食鲨鱼之旅。你也可以在此放松身心，慢慢散步，欣赏斐济美丽的日落。

• 太平洋海岸

● 太平洋港

交通

Taunovo Bay Airport——最快的方式

太平洋航空的航班为这里的客人提供包机服务，从楠迪机场到Taunovo Bay Airport，飞行时间约20分钟。直升机服务区域包含太平洋港几个度假胜地。

公路——最方便的方式

皇后大道是另一个连接太平洋港到维提岛主要城镇的交通命脉。这条高速公路沿着维提岛南部海岸一路畅通，经过苏瓦（Suva）、拉米（Lami）、纳武阿（Navua）、太平洋港（Pacific Harbour）、楠迪（Nadi）和劳托卡（Lautoka）。

每天从楠迪到太平洋港都有几个班次的公共汽车。到苏瓦(Suva)的沿途会经过很多度假村，大多数度假村可在楠迪国际机场的接待台预定。当地的主要城镇中还有很多巴士，它们是经济和便利的交通工具。

港口和停泊港——跳岛游最便捷的方式

太平洋港码头位于珍珠太平洋度假村，主要连接贝卡岛、贝卡瀉湖和皇家游艇俱乐部。

Top 8 探险与休闲

1．参观斐济文化艺术村

“艺术村”是斐济文化的精彩展现，并且还混合了很好的购物体验。艺术村提供了乘船游览岛屿，参观斐济村传统建筑等活动，由此向游人展示斐济人民真正的生活。斐济人充满活力的文化展示包括贝卡岛民过火石，古老艺术展示等。

2．做一次激流勇进

“斐济河流之旅”带你进入纳莫西高地，并下行到纳武阿河流域，您可进行白水激流。在漂流中欣赏到高原壮丽的风景，漂流会经过古老的火山岩黑峡谷和无数瀑布。纳武阿河流域是传统斐济村庄保护区。

3．玩一回高空飞索

这里是南太平洋最长的高空飞索地，“Zip Fiji”是一个在树冠之上探索斐济茂盛的热带雨林的独特方式。从高7米至45米的平台上，刺激地从一个平台滑到另一个平台上，绳索共200米，时速为60 km/h。

4．在珍珠太平洋18洞锦标赛高尔夫球场挥杆

挑战“珍珠锦标赛高尔夫球场”，绝对是不寻常的体验。高尔夫球场位于热带雨林和曲折的运河之间，有66个沙坑，18洞中有12个具有多重障碍。Greg Norman在这个Robert Trent Jones Jr.设计的球场上赢得了他的第一次重大赛事的胜利，因而得到了大鲨鱼的绰号。这个球场是斐济最具挑战性的高尔夫球场之一。

5．冲浪

这里是一流的冲浪地，“护卫舰通道”的巨浪已经远离太平洋港，快接近Yanuca岛了，那里为有经验的冲浪爱好者提供令人激动的冲浪地。

● 斐济文化艺术村

● 海滩漫步

6. 珊瑚礁上的垂钓

太平洋港口是个一流的垂钓之地，您可以只用一只手线在珊瑚礁上钓鱼，当然你还可以参加一年一度的海钓比赛。

7. 潜水喂鲨鱼

如果你是一个潜水员，您可以加入到这两个太平洋港口的潜水运营商中来，尝试终极快感的喂鲨鱼活动。通过“AquaTrek Beqa”或“Beqa冒险潜水”你可以在热带鱼保护区中，亲手拿着食物去喂鲨鱼。在贝卡潟湖海岸公园，公牛鲨已成为鲨鱼的优势品种，但通常喂养还包括：柠檬鲨、黄褐色鲨、银尖鲨、黑鳍礁鲨、白鳍礁鲨、褐尖礁鲨，偶尔还有巨大的虎鲨。

8. 海滩漫步

这里还有些很轻松的运动，如散步或躺在斐济最长的沙滩上放松，喝一杯斐济啤酒。

● 白水激流

■ 斐济户外探险运动

● 白水激流

您是否想要体验终极斐济冒险？斐济白水激流，有超过25年的激流泛舟业务经验，他们很高兴能够与您一同分享在斐济户外河流中探险的体验。从斐济河流上游出发，经过太平洋港口，到达斐济首都周边的河流进行探险，带你深入到Namosi岛，下行至Navua河流域。这次经历的主要亮点在于可以在高地上一览壮美的风景，漂流中通过火山岩黑峡谷和许多古老的瀑布。

Navua河保护区是由一个传统的斐济村庄管辖，河流经过该村庄。

无论您是经验丰富的白水漂流老手或者是一个充满好奇心的新手，这里都有适合您的多种选择。2、3级的白水漂流爱好者可以在充气皮艇上划着木筏做激流探险，也可以体验相对舒适的白水路线，沿途有斐济一些最壮观的地形，路线是从Navua河岸到Wainikoroiluva山谷。

在偏远的维提岛高地有更多独特的河流旅行。Navua河隐藏着通向原始热带雨林还有荒野的山路。笼罩在郁郁葱葱热带雨林中的有无数的瀑布和窘急的激流，惊人的峡谷探索也许是在斐济最独特的行程之一。此次游览将通过斐济最艰巨和最美丽的地形，最终充气筏带你漂洋过海，这相对而言还比较舒适。

这里不仅有一处瀑布而是有很多处（至少70处）；没有一小段深窄的峡谷，而是上千米的峡谷，以及7米长的黑色火山悬崖和几乎超过40米高的热带雨林在河流两旁摇曳。在这里你可以发现一些最疯狂，最美丽的斐济风景，无庸质疑，Navua河是斐济的最佳漂流地。

www.riversfiji.com

● 树冠飞索

● 树冠飞索

飞翔在斐济郁郁葱葱的雨林上空会有什么感觉？多么激动人心啊，这是只有在南太平洋热带雨林才有的高空飞索。狂野和有趣的冒险让你永远不会忘记。仅仅20分钟，从斐济首都苏瓦就到了太平洋港，在Wainadoi山区热带森林的心脏，飞索公司所在地属于自己的私有生态保护区，这里是斐济动植物的天堂，你会发现斐济惊人的热带植被。在遮天蔽日的丛林探险中，您将有机会以独特的视角体验斐济内陆惊人的荒野之美。

你从一个树梢飞到另一树梢，脚下是茂密的热带植被！快速、有趣和令人振奋，斐济飞索让你的腾飞梦想成为现实！在这次壮观的生态冒险旅行中你会经历很多，除了能感到自己快速的脉搏跳跃外，还享受了地球上最美丽的生态美景。从一个平台飞跃至另一个平台上，高度有90英尺，自地面将近30米以上的森林树冠间，你就如人猿泰山一般的活动。这是令人惊叹的奇迹，让你置身于热带树木、野生兰花和各种原生鸟类之间。

相对于斐济高空飞索来说，安全是最重要的。游客由专业经验丰富和高素质的工作人员服务，向导均拥有超过200小时的从业时间和安全技术的正规培训，高质量的设备会定期严格检查和维修保养。

所有导游都说英语，受过良好的培训，拥有专业知识，对周围的植被、野生动物和历史都很熟悉。这里从未有一个像这样更令人兴奋的探索热带雨林深处的方式。对于喜好寻求刺激的人们和自然爱好者来说，这个惊人的探险旅游经验是斐济最流行的生态丛林之旅的一部分。

www.zip-fiji.com

饮食

• The Waters Edge Bar & Grill

这家是前纽约人芮妮兰格经营的位于艺术村大池塘旁的露天餐厅。她提供种类繁多的食品，包括三明治、汉堡、比萨饼和意大利面，黑板上会写着周末特色精品菜，现场还有爵士音乐。价格：三明治和汉堡约F$9-F$12，比萨饼和意大利面约合F$24，主菜F$12-F$20，接受信用卡MC，V。

营业时间：周一至周四8:30am-3:00pm;周五、周六8:30am-9:00pm

地点：皇后大道，太平洋港艺术村

电话：345 0146

• Continental Cakes & Pizza

这家面包房有许多糕点、面包、比萨和美味的片状羊角面包。供应早餐面包、三明治、比萨饼和酥皮比萨。

营业时间：周一至周六8:00am-6:00pm

地点：皇后大道，太平洋港

电话：670 3595

• Oasis Restaurant

区域性的特色美食。餐厅的特色是伦敦式炸鱼和薯条。这里还提供美味汉堡、三明治、色拉、咖喱、煎蛋卷。接受预订。价格：早餐：F$6-F$13，小吃、三明治和午餐大约需F$5.50-F$16，主菜F$15-F$35，接受信用卡种类：MC, V。餐厅提供上网，每分钟F$20。

营业时间：周一至周六9:30am-2:30pm和6-9:30pm；周日10am-2:30pm和6-9:30pm

地点：皇后大道，太平洋港艺术村

电话：345 0617

• Oasis Restaurant

● Pearl South Pacific Resort Spa & Golf Course

住宿

这个区域有几家度假村，最著名的是珍珠太平洋度假村（Pearl South Pacific），它拥有独立的餐厅和冠军高尔夫球场，修建在壮丽的雨林山脉脚下。

● Pearl South Pacific Resort Spa & Golf Course

酒店共78间客房，有海滨、泳池、2家餐厅、2家酒吧、网球和高尔夫球场地。所有房间都在三层的主酒店建筑中。房间内有一个橱柜、电视、电话、迷你冰箱和大号床，茶/咖啡设施。很多套房都是大床，带有一个单独的休息室，大屏幕平板电视，配有独立淋浴和卫生间以及开放式浴室。所有套房间的客房都带有独特的内部装修。园景房F$365；海景房F$443；花园阁楼F$684；海景阁楼F$776。

地址：皇后大道，太平洋港

传真：（679）345 0262

电话：（679）345 0022

www.thepearlsouthpacific.com/

E-mail: stay@thepearlsouthpacific.com

- **Waidroka Bay Resort**

高级豪华海景茅草房以及海滨茅草屋需F$255；豪华海景茅草屋约F$200；全景海景客房为F$170；共享全景海景房每人F$120（最多4人，含早餐）。度假村还提供水上活动。您可以在这里看到斐济人的热情和微笑。这里有各种形式的住宿，壮丽的美景、美食以及令人振奋的冲浪、潜水、探险活动，距离太平洋港只有20分钟的路程。

地址：Waidroka湾，PO Box 323
电话：（679）330 4605
传真：（679）330 4383
www.waidroka.com
Email: reservations@waidroka.com

- **Beqa lagoon resort**

一个神奇的价格合理的度假村，位于南太平洋中心。25间豪华的私人空调别墅分布在茂密的热带景观下。每一间小套房都由精美的传统岛屿装饰。12间惊人的海滨茅草别墅，每间别墅都带有私人庭院和巨大的阳台和按摩浴，其中还设有专门的蜜月房，可以观看海景，有浪漫的户外淋浴。6座迷人的茅草别墅藏身于美丽的花园之中，带有私人游泳池。同时，这里还提供冲浪、浮潜、潜水等多种水上运动，而且这里也是斐济最大的鸟类保护区。这里还可以享受香熏按摩。

地址：Box 112 Deuba
电话：（679）330 4042
传真：（679）331 5139
www.beqalagoonresort.com
E-mail: gm@beqalagoonresort.com

- Beqa lagoon resort

● Beqa lagoon resort

● Batiluva Beach Resort

位于Beqa Lagoon Yanuca岛，距离太平洋港大约7公里。酒店在一处私人珊瑚沙滩上，后面是葱郁的热带森林。小度假村适合16人居住。酒店干净简单，有两个双人房，和三个宿舍房间（可容4人），淋浴间和卫生间全部是冷水。晚上用篝火和灯笼照亮。房间价格F$175每人每晚。

地址：皇后大道

电话：（679）345 0384

传真：（679）345 0384

www.batiluva.com

E-mail：info@batiluva.com

● Lalati Resort & Spa

一间价格合理的奢侈酒店，是一家曾经获过奖的度假村，位于神秘的贝卡岛，适合蜜月。这里有世界级的潜水和浮潜活动。浪漫幽静的别墅位于海滩之上，提供巨大的房间、大号的床、3间休息区，私人阳台可以眺望大海、热水浴盆、巨大的庭院和户外岩石，以及开放的海景，让人享受至极。蜜月别墅F$675，私人奢华别墅F$500，海滨别墅F$325，海景小屋F$275。

地址：PO Box 166

电话：（679）347 2033

传真：（679）347 2034

www.lalati-fiji.com

珊瑚海岸
Coral Coast

珊瑚海岸

Coral Coast

概况

维提岛珊瑚海岸拥有一直延伸至斐济主要岛屿的沙滩，连接着西边的Natadola海滩和东边的Waidroka Bay。它是世界上最大的珊瑚礁海岸线之一。惊人的环形白色沙滩和绿松石珊瑚礁点缀在深蓝色的南太平洋中。皇后大道穿过具有浓郁斐济色彩的村庄、甘蔗园和郁郁葱葱的山丘，海天一线的景色尽收眼底。

不同的住宿要求您都可以在珊瑚海岸解决，还能够节约成本，这样的度假才是最美好的。婚礼、蜜月、休闲度假、家庭度假、探险旅行——珊瑚海岸拥有一切你想要的。放松身心，参与各项度假活动，尽情享受豪华水疗、乡村旅游、跳水、潜水、冲浪、丛林跋涉、漂流吧。

交通

皇后大道的主要干道连接着珊瑚海岸和维提岛的主要城市首都苏瓦（Suva）、拉米（Lami）、纳武阿（Navua），帕西菲港（Pacific Harbour），Sigatoka，楠迪（Nadi），劳托卡（Lautoka）和两个国际机场。皇后大道每日都提供空调巴士和的士服务。您可以租赁汽车或摩托车去旅游，在大多数酒店的前台都可以叫到出租车。多数较大的酒店有直升机停机坪。

● 珊瑚海岸

● Sigatoka 小镇

Top 10 四处游览

1．Sigatoka小镇闲逛

Sigatoka小镇坐落在在Sigatoka河岸边，这里有当地的餐馆和市场。在中央市场，当地人在色彩缤纷的遮阳伞下做着各种买卖，水果、蔬菜、卡瓦、淡水贻贝、椰子叶编织的篮子，在这里应有尽有，一派田园风貌。Sigatoka镇有斐济最出名的手工工艺品店，以及家居用品、纪念品、服装和珠宝店，这里的商品质量值得信赖。探索斐济的传统文化，您可以在这片富饶的河谷，发现种类丰富的蔬菜、水果、还有花生、甘蔗农场。这些农产品大部分是在城市和蔬菜市场销售，如茄子、辣椒、黄秋葵、山药和木薯。

2．Naihehe洞穴之旅

如果你到Sigatoka山谷游览，你可以参观“Naihehe洞穴”，在那里，食人部落举行仪式的平台仍然存在，顺道也可以去“Biausevu”瀑布一游。另外，你还应该去著名的陶器村Lawai和Nakabuta村，尝试一下在斐济制作陶器的乐趣。

3．搭乘珊瑚海岸甘蔗小火车

珊瑚海岸风景区铁路提供一条专门的观光铁路火车路线。沿着海岸，运蔗糖的老式火车穿过村庄、甘蔗种植园、森林和波涛汹涌的海滩最终到达Natadola海滩。

4．尝试一次日间温泉

珊瑚海岸的度假胜地现在有许多功能性的水疗和保健中心，提供从传统到现代的各种理疗服务。

5．打一场高尔夫

珊瑚海岸的一些度假村内有业余和专业的高尔夫球场地。

6. 探访古代斐济文明遗迹

“Sigatoka沙丘”是斐济的第一个国家公园。流沙和考古发掘不断揭示了独特的古代斐济文明。发现的一些人类骨骼最早可追溯至公元250年。陶片和陶器文物揭示了斐济第一批居民来此地的重要线索。游客中心将会向你提供导游解说，并为这个杰出的自然奇观提供导览。

7. 库拉生态公园健行

库拉生态公园（Kula Eco Park）是斐济最新建成的野生动物园。其坐落在栈道迂回的热带森林内，公园内展示了斐济众多的动植物品种。公园为斐济的一些稀有濒危物种进行了人工繁殖，并向斐济的儿童提供免费的环境教育。您还将有机会与鬣蜥、麝香鹦鹉、蛇等拍照。您还可以喂海龟，观看奇妙的海洋珊瑚和鱼。库拉生态公园是一个具有世界一流设施的生态公园。

8. 到珊瑚礁去潜水

斐济以其各种美丽的水下海洋生物和美景而著名。珊瑚海岸具有斐济最大的潜水点，乘船15分钟内就可到达此地。其边缘的珊瑚礁绵延到整个珊瑚海岸的岸边和海峡。珊瑚礁上的海洋生物比比皆是，海龟、鲨鱼和鳐鱼也是常客。由于没有明显的海流，这个地区对于缺乏经验的潜水员来说是一个极好的学习水肺潜水的地点。

9. Sigatoka河漂流

动感十足的Sigatoka河流喷射船冒险是最刺激的斐济户外探险运动之一。维提岛最长的河流Sigatoka河，周边早已经被郁郁葱葱的绿色植被和壮观的悬崖峭壁所环绕。这个漂流旅途中还包含参观村落并在那里欣赏文化表演这一项目。

10. Sigatoka山谷探秘

这里是斐济的菜篮子，又称为斐济的“色拉”，您可以在这片富饶的河谷中发现谷物、蔬菜、水果、花生和甘蔗农场。这些农产品大部分在市区的蔬菜市场销售，如茄子、辣椒、黄秋葵、还有一些根状作物像达洛（Dalo）、Tavioka和山药。

• 珊瑚海岸公路

• 珊瑚礁潜水

● 美味比萨

饮食

● Gecko's Restaurant

区域性特色餐馆。在Kalevu南太平洋文化中心一座西方风格建筑的走廊里，这个露天餐馆提供价格合理的餐食。早餐的煎蛋卷和其他鸡蛋类菜肴，非常不错。午餐有特色三明治、汉堡、鱼和薯条、咖喱、炒菜等众多选择。晚餐的菜单很广泛，其中包括餐厅的特色菜蒜蓉酱泥蟹。斐济meke秀每晚在这里都上演。价格：早餐F$5-F$8，午餐F$5-F$12，主菜 F$20-F$55，接受的信用卡种类：MC, V。

营业时间：每天10am-10pm

地点：皇后大道Kalevu南太平洋博物馆，香格里拉斐济度假村对面

电话：6520200

● Le Café International

国际性餐厅。Le Café另外还在Sigatoka有家店。餐厅提供鱼和薯片、咖喱、意大利面以及一些不错的比萨饼。接受预订，不接受信用卡使用。价格早餐为F$.50-F$7.50，午餐F$7，比萨饼$8.50-F$17，主菜F$7-F$16。

营业时间：每天8am-10pm

地点：日落大道，Korotogo, west of the Outrigger on the Lagoon

电话：6520877

● Ocean Terrace Restaurant/EbbTide Café

国际美食。这两个餐厅占据了一个大阳台，可以俯瞰到Bedarra斐济沙滩酒店的泳池。楼下的EbbTide餐厅的白天餐单包括色拉、三明治、汉堡和若干主菜，12寸的比萨饼。夜晚楼上的阳台变成了浪漫的西餐厅，提供鸡肉和海鲜咖喱柠檬奶油香菜鱼，蔬菜花生酱牛肉。接受预订。Ocean Terrace主菜F$17-F$27，三明治和汉堡比萨饼F$18，主菜F$9-F$20，接受信用卡种类：AE, MC, V

营业时间：Ocean Terrace 每天6-9pm，Ebb Tide 每天10am-9pm

地点：日落大道, Korotogo, Bedarra沙滩酒店

电话：6500476

住宿

离楠迪南部一小时路程的地方就是珊瑚海岸。珊瑚海岸从Sigatoka小镇算起，前一段是田园诗般的Natadola，那里拥有洁白的沙滩，是不错的游泳和冲浪地点。路过Sigatoka小镇，那里有少量大型度假村，其中包括美丽的酒店如Outrigger fiji，这里对于家庭旅游来说最棒不过了。

■ 低预算

• Tambua Sands Beach Resort

小型的低预算汽车旅馆，位于沿Korotogo公路5公里的地方，价格非常合理，共有22间客房。所有草屋别墅带有茶具和咖啡用具、电冰箱、吊扇以及小阳台。Tambua Sands 还拥有自己的餐厅，提供欧洲、印度以及海鲜美食，价格合理。花园草屋F$260；海滨草屋F$275；花园家庭草屋 F$495。

地址：P.O. Box 177, Sigatoka
电话：（679）650 0399
传真：（679）652 0265
E-mail: info@tambuasandsfiji.com

• Tambua Sands Beach Resort

• The Beachouse

共10间客房，The Beachouse位于楠迪机场和首都苏瓦之间的路上（珊瑚海岸），这里有海滨、礁湖以及餐厅和酒吧，是一家深受背包客喜爱的住宿地。网络连接方便。宿舍F$35/人，花园客房F$105。

地址：皇后大道
电话：（679）653 0530
传真：（679）645 0400
www.fijibeachouse.com
E-mail:info@fijibeachouse.com

• Beach Escape Resort

• Beach Escape Resort

舒适的12间别墅度假村，地处长长的沙滩上，坐落在热带环境之中。别墅拥有混合了舒适酒店服务以及温馨的家为一体的氛围。小酒店提供个性化、私密且友好的服务以及奢华的住宿和精美的烹饪。12间舒适的别墅，另外还有宿舍和双人房；其中私人别墅（可容1-2人）F$73；双人房F$46；空调宿舍F$26；风扇宿舍F$22。

地址：楠迪机场PO Box 11043
电话：（679）672 4442
传真：（679）672 8442
www.beachescapefiji.com
E-mail beachescape@connect.com.fj

高预算

• Shangri-La's fijian Resort and Spa

这里是斐济最理想的度假胜地，位于私人拥有的Yanuca岛上，度假村周围被洁白的沙滩、蓝色的潟湖和婆娑的棕榈所包围，提供给度假者一个真正的热带体验。度假村最近刚刚完工了6间高级海洋草屋，共有房间442间，以及崭新的标志性温泉品牌—气（Chi）。双人房F$400-F$520，套房F$650-F$750，别墅F$950。

地址：Sigatoka面西的Yanuca岛
电话：（679）652 0155
传真：（679）650 0402
www.shangri-la.com/fiji/fijian/en/index.aspx

• Outrigger On The Lagoon fiji

酒店总共207间客房，47间草屋。一个家庭带有2个小孩以及12岁以下儿童，儿童都免费。度假村拥有海滨游泳礁湖，4间餐厅和4间酒吧。游泳池、高尔夫球场、网球场、健身中心和儿童俱乐部以及24小时客房服务。度假村景色房间F$425；海景房F$540；海风套房 F$995；种植园草屋别墅F$645；海风草屋别墅F$790；海滨草屋别墅F$1,050；家庭草屋套房别墅F$1,300。

• Outrigger On The Lagoon fiji

地址：P.O. Box 173，Sigatoka
电话：（679）650 0044
传真：（679）652 0074
www.outriggerfiji.com

• The Wellesley Resort fiji

位于100英亩热带雨林和岛国花园中，威尔兹利度假酒店是斐济最吸引游客的酒店之一，引以自豪的是其珊瑚礁及白细的沙滩。这里有珊瑚海岸有名的水晶般的海水和壮观的海底世界。威尔兹利度假酒店是情侣蜜月和远离尘世的最好所在。民族风格的建筑和个性化的服务，是你选择威尔兹利度假酒店的充分原因。从楠迪国际机场到这里驱车大概两小时的路程。

地址：Korolevu,Namaqumaqua路
电话：（679）650-0807/（679）603 0664
www.wellesleyresort.com.fj
E-mail:wellesleyresort@connect.com.fj

• The Wellesley Resort fiji

• Warwick Fiji Resort & Spa

这里对于年纪较小的孩子更加实用，是优秀的背包客旅馆，共248间客房，一家2个13岁以下儿童，儿童免费。这儿有海滨、游泳礁湖、5家各色餐厅（从精美的意大利餐厅到日本快餐小吃）和5间酒吧以及夜总会俱乐部（传统斐济meke舞蹈表演），2个游泳池以及网球以及壁球场地和潜水教程。还有芙蓉夜总会，特色的现场乐队每周四次的主题之夜。山景房间F$482，海景房F$553；Warwick俱乐部房F$680，套房F$928。

地址：皇后大道，PO Box 100，Korolevu，斐济维提岛

电话：（679）653 0555

传真：（679）6530155 / 6530010

www.warwickfijihotel.com

E-mail：wkfjres@warwickhotels.com

• Hideaway Resort

在Korotogo以外还有另外几处度假村，Hideaway Resort是带有大孩子的家庭之首选度假村。度假村共110 间客房。提供各种住宿，所有房间都位于复式建筑内，除了拥有两卧室的别墅位于单独的平房中。2床的草屋别墅排成两排都可以俯瞰到海滩，所有草屋别墅带有空调。度假村有2间餐厅和酒吧，有游泳池、网球网球、射箭、儿童俱乐部，PADI潜水培训。Frangipani草屋F$350；海景草屋F$380；海滨草屋F$465；2床草屋F$550。

地址：斐济皇后路

电话：（679）650 0177

www.hideawayfiji.com

Email：reservations_rydges@rydges.com

• Hideaway Resort

• Warwick Hotel

• Malaqereqere Villas

4星级的奢华天堂，提供给人们美好的假日享受。四个传统设计风格的别墅调和了现代舒适的建筑材料，为您创造完美的度假环境。吊扇和木材天窗让您凉爽舒适，大型观景窗和落地窗提供阳光和空气。每个别墅有三间卧室，两间浴室，饭厅和休息室。超现代厨房和洗衣房让您完全可以自给自足。但是，个性化的住宅服务生和厨师需要一些额外费用，但这可以让您居住的完全无忧无虑。

地址：Private Bag, Sigatoka

电话：（679）652 0704

传真：（679）652 0708

• Myola Plantation Fiji

• Myola Plantation Fiji

奢华的五星级别墅，这间豪华的度假村提供了一个独特的机会，让你体验神奇的斐济，享受真正轻松。每间套房都有自己的温泉，壮观的户外淋浴设备，私人游泳池和全景体验。宽敞的套房设有一个大型开放式休闲、娱乐和餐饮区加设备齐全的厨房、办公室、弧线的阳台，这些豪华设施方便你的居住。

地址：皇后大道

电话：（679）652 1084

传真：（679）652 0899

Email: myola@connect.com.fj

阳光海岸
Sunshine Coast

阳光海岸
Sunshine Coast

概况

在苏瓦的更远处，海边的红树林和崎岖蜿蜒的山脉将整个岛屿的东海岸连接起来。这里没有什么旅游景点，如果旅行者想要找地方住下来，那么就要来到阳光海岸以北的Rakiraki镇。这个乡村小镇是出发前往Nananu-i-Ra小岛的起点，那里有美丽的海滩，可爱的小度假村以及一些背包客栈和少数自炊式农舍。除了宁静的Nananu-i-Ra小岛，你可以待在霹雳别墅（Charlies Cottages）里，别墅位于风景如画的白沙滩旁。再往北边的海岸是大片的红树林和散布在乡村周围的甘蔗种植园。

● Rakiraki镇

旅游全攻略

阳光海岸位于维提岛东北部，这里是斐济历史的起源，安放着众多祭祀的神灵。整个区域仍然保存着完整的文化、传统、神话和传说，在这个区域中，不同的村庄拥有各自不同的信仰。

Nabukadra村有很多历史遗迹、山洞、防御工事和史前遗骸，Late Ratu Cakobau建造的石码头也在附近。这个村与Tailevu的Natalei-i-re，Dawasamu有很深的历史渊源。

这一地区以传统的跋涉而著称，这里有一个Naivoco村，据说天气好的时候，你可以眺望到北部的瓦努来雾岛。从这个村可以到达Soa村庄，村庄连接着位于Tailevu的Wailotua洞穴。Nasukamai村位于Ra的内陆。景点包括水疗池、洞穴、木薯种植、瀑布和温泉。

Top 5 阳光海岸四处游览

这里有大量本地区的自然和文化景观，因此这些就组成了一日游的主要观光景点。这里是维提岛内陆斐济传统文化的发源地。这里的一些村庄和居住点散落在山上，包括Abaca、Barotu、Vatukacevaceva、Bukuya和Navala。在Naocobau村还有个咖啡工厂。这些村落各自拥有风景如画的自然景色，你可以在雨林、瀑布、考古遗址附近骑马和游泳。

1. 科罗亚尼图国家遗址公园健行

这里自然爱好者和徒步旅行爱好者的理想之地。这个公园有美丽的自然之旅，当地拥有众多雨林、瀑布、考古遗址和游泳场所。公园门票包括全天的科罗亚尼图山攀登和参观村庄活动。攀登两小时可以来到Tunutunu 的露台花园和Navuratu 村庄遗址，再加一小时可以攀登到能瞭望到玛玛努卡群岛和亚萨瓦群岛全景的顶峰瞭望台。两天的徒步跋涉可以穿越高地村庄最终到达Batilamu山，在这里你可以看到惊人的楠迪湾美景。

2. 参观Naiserelagi天主教堂

黑色天主教教堂Naiserelagi教堂位于Rakiraki以东约25公里处。教堂修建于1917年，因画有基督教内容的黑色壁画而著名，由法国艺术家让·夏洛在1962年完成。

3. 畅游Nananu-i-ra岛

目前，岛上为游客提供了各种户外活动，特别是与热带水上运动相关的，如游泳、跳水、潜水、冲浪等。另外Vatu-I-Ra海浪管道和Bligh水域是享有盛名的世界级潜水点。其他活动还包括在自然和热带雨林中跋涉，文化苦旅、钓鱼和海洋独木舟。

4. 瑙苏里高地乡村之旅

瑙苏里高地的偏远乡村如今已经成为旅游景点，乡村中仍然保存许多有趣的传统信仰和文化。Navala村是斐济最美丽的内陆村，坐落在Ba河河岸坡地之上。虽然大多数村民更愿意用混凝土块和永久瓦楞铁建立自己的家园，但在纳瓦拉，房子还都是传统的布雷（茅草屋）。当地每日有巴士从Ba到Navala 往来。

5. 四驱吉普车探索之旅

Bukuya村是连接着Sigatoka、楠迪和Ba的公路交汇点，沿Sigatoka路行驶需1小时就可以到达。在Bukuya粗糙颠簸的公路上最适合的交通工具是四驱吉普车，探索乡村的活动包括瀑布旅游、骑马、狩猎、徒步旅行，参观当地的草屋以及学校和卫理教会。

● 阳光海岸

住宿

• Charlies Cottages

由两间村舍构成。Charlie's Cottages坐落在Nananu-i-Ra岛海滩旁。两间宽敞的村舍栖息在山坡上，可俯瞰红花缅栀树、沙滩，以及惊艳的礁湖，还可以看到维提主岛，观赏到日落。设施简单，两座村舍都带有厨房供客人自炊，但浴室只提供冷水淋雨。沿沙滩有两家餐馆。宿舍房F$25/人，大村舍F$110。

地址：Charlie and Louise Anthony，P.O. BOX 407，RakiRaki

电话：（679）623 1188/（679）628 3268

www.charliescottages.com

• Bekana Island Resort

一座私人小岛，拥有500米的金色沙滩，设有各种住宿预算类别以满足各种客人的需要，从奢华的斐济草屋别墅到大床宿舍一应俱全。餐厅提供价格合理的当地美食。房间价格包含其中的餐饮。在这里可以进行潜水或浮潜。酒店内还有一大型的淡水游泳池，您可以选择慵懒的躺在池边的长椅上饮上一杯清凉的饮料。住宿F$70起。

地址：Bekana岛PO Box 661，劳托卡

电话：（679）666 2288

传真：（679）664 0185

www.bekanaislandfiji.com.fj

E-mail：bekanaislandfiji@connect.com.fj

• Bethams

Nananu-i-ra岛面对着风景如画的Nakauvadra山脉，跨过4公里的蓝色海洋，8个白色沙滩。拥有丰富的珊瑚礁，适合浮潜、潜水、划船、游泳、散步和日光浴。Bethams有5个独立的海滨别墅，2套私人双人房和4张床的宿舍房。所有房间都带厨房设备，有良好的自然通风条件，风扇设施。还有餐厅酒吧和商店。海滨小屋（单人/双人）F$130；私人双人房：F$80；宿舍房F$25/人。

电话：（679）628 0400

传真：（679）992 7132

www.bethams.com.fj

E-mail：bethams@connect.com.fj

• Bethams

• Dolphin Island

• Dolphin Island

这里是天堂般的私人岛屿，乘船到主岛只需10分钟。小岛被水晶般清澈的绿松石海水包围。这里有两所并排坐落的住宅，内部装饰使用了斐济传统建筑和设计元素。宽敞的阳台可以让您每日呼吸到海风，欣赏壮观的日落和日出。1间草屋有自己的餐厅、放松和休闲娱乐区域。另外的草屋包含两个独立的睡眠和休息区并带有自己的双浴室套房。两间草屋都带有空调，非常舒适。F$119.31。

地址：Dolphin Island, Rakiraki

电话：（647）378 5791

www.dolphinislandfiji.com

E-mail：info@dolphinislandfiji

• Lautoka Hotel

新修建的城中心酒店，拥有39间传统与现代结合的客房，位于劳托卡市，距离楠迪机场24公里。酒店设施齐全使您舒适享受，并且这里提供合理的价格，员工友好。豪华房F$80；标准房F$60；低预算房F$35；宿舍每人F$15.5。

地址：P.O.Box 51，劳托卡

电话：（679）666 0388

传真：（679）666 0201

www.lautokahotelfiji.com

E-mail：ltkhotel@connect.comfj

• Safari Island Lodge

位于Nananu-I-Rai岛，维提主岛北的Raki Raki，驱车两个半小时可从楠迪国际机场到达埃林顿码头（Ellington Wharf）。乘船到苏瓦约需3小时。小舍位于花园之中，步行可至大海。住宿包含私人客房可入住2人，提供私人浴室，这里的氛围非常随意。没有餐厅，但提供公用厨房和就餐区，客人可以自己做饭。客人也可到附近的Wananavu度假村享受晚宴。

地址：PO Box 939, Rakiraki

电话：（679）669 3333

传真：（679）669 3366

www.safarilodge.com.fj/slislandvilla.htm

• Seabreeze Hotel

海风酒店位于劳托卡市中心的Bekana道5号。所有整装的房间带有空调、餐厅（只提供早餐）、洗衣服务、酒吧、电视休闲室以及泳池和远离街道的停车场。泳池的露天酒吧、休闲室酒吧提供舒适的环境、轻柔的音乐以及从啤酒到鸡尾酒等多种饮品选择。餐厅可同时容纳60人进餐，可欣赏到海景以及阳台外景色。酒店共27间干净舒适的房间。风扇单人房F$52，双人F$58，三人F$66；普通空调房单人F$52，双人F$68，三人F$76；海景空调房单人F$68，双人F$74，三人F$85。

地址：P.O.Box 152, Lautoka

电话：（679）666 0717

传真：（679）666 6080

www.seabreezefiji.com

• Safari Island Lodge

● Wananavu Beach Resort

● Takalana Retreat Lodge

旅馆位于一块僻静的宝地，隐藏在偏远的维提东海岸，地处山顶处，可以俯瞰海洋和Naigani岛和Ovalau岛。旅馆两个相邻的房间由一个大阳台和就餐区连接。步行下山到达海滩和传统的Nataleira需要10分钟。可以进行的活动有瀑布徒步之旅、登山、乡村游览以及激动人心的乘船去月亮珊瑚礁潜水活动。海景旅馆客房F$160，家庭海景旅馆 F$220。

地址：Box 63 Korovou Tailevu

电话：（679）991 6338

www.takalana.blogspot.com

● Tanoa Rakiraki Hotel

除了两个殖民风格的宾馆，这里还有酒吧和餐厅以及一个老式的大厅，酒店有36间客房，提供客人所需的舒适和轻松的物品及氛围。这里有世界一流的设施，让客人体验真正回归自然的感觉，海岛观光、网球、草坪保龄球以及在阳光下游泳都是不错的运动，简单的放松，呼吸新鲜的空气，和谐、宁静、迷人的环境。房间价格最低F$40起。

地址：Kings RoadPO Box 31, Rakiraki

电话：（679）669 4101

传真：（679）669 4545

E-mail: rakirakihotel@tanoahotels.com.fj

www.tanoarakiraki.com/

● Wananavu Beach Resort

拥有34间豪华草屋，位于棕榈摇曳的大海和繁茂的热带花园中，从草屋可以欣赏到美妙的珊瑚礁以及日落景观。度假村还设有餐厅和酒吧。在这里，有人潜水、钓鱼、划独木舟，在幽静的海滩上野餐，进行乡村旅游等文化活动，你也可以享受在泳池边饮一杯鸡尾酒，看一本书的惬意。花园景草屋F$293，海阳景草屋F$346，海滨草屋F$440，2间卧室花园草屋F$352。

地址：PO Box 305, Rakiraki

电话：（679）669 4433

传真：（679）669 4499

www.wananavu.com

玛玛努卡群岛
Mamanuca Islands

玛玛努卡群岛
Mamanuca Islands

概况

维提岛在欧美众多家庭和夫妇中很受欢迎，他们对那里充满好奇。而玛玛努卡群岛因拥有情侣浪漫度假地而闻名于世，同时也是家庭度假的好去处。这里有珊瑚岛和火山岛并拥有美丽的海滩，大量的水上活动也丰富了客人在岛上的生活。

玛玛努卡群岛是由二十个左右的小岛和一些更小的环礁湖小岛组成的火山群岛，这里拥有完美的阳光海滩。你在这里可以找到更多的乐趣。您可以享受一系列的水上活动，从皮划艇、帆板运动、浮潜、潜水、单桅帆船、香蕉船、独木舟、滑水、水上摩托、钓鱼到风帆跳伞运动应有尽有。

在维提岛楠迪以西，玛玛努卡群岛的主要岛屿都拥有美丽的白色沙滩和众多度假村。旅游者把这里也当成通向亚萨瓦群岛（Yasawa Islands）的旅游中心。这些岛屿常年阳光灿烂，湛蓝的海水非常平静，和风习习，吸引着全球各地数百万的游客来此度假。

玛玛努卡群岛（Mamanuca Islands）上有超过22家度假村为游客享受自己的假期提供服务，无论你是在度蜜月或与家人享受宁静的假期，这里有从经济型到高端的型的各种度假村。

玛玛努卡群岛（Mamanuca Islands）上的岛屿居民很少，到处是摇曳的椰子树，绿草如茵，在一些岛屿上多的是森林和红树林，这里居住着许多斐济特有的鸟类和爬行动物。在莫努岛（Monuisland）和莫努锐伊岛（Monuriki island）上还留下了美国影帝汤姆·汉克斯的身影，那是他在《漂流者》中所扮演的角色。今天这里成了所有来访玛玛努卡群岛（Mamanuca Islands）的游客必到之处。

无论您在哪里，你都能在阳光下做日光浴，在海滩上放松身心。

● 玛玛努卡群岛

● 玛玛努卡群岛的度假村

交通

从维提岛西海岸就能远远的看到玛玛努卡群岛这个美丽的南太平洋天堂。在棕榈树摇曳的海滩上，无论是水上运动，还是各种娱乐活动，你都不应该错过。这些岛屿吸引了来自世界各地的游客。因为其毗邻维提岛，所以到达玛玛努卡群岛非常方便。大多数游客从楠迪或劳托卡乘游艇或双体船到这里。

Island Express和The Malolo Cat双体船——最直接到玛那岛的方式

Island Express或者The Malolo Cat都是快速双体船，是运载乘客前往玛玛努卡群岛的主要方式。快速、有效是其优点，它需要大约一个小时才能到这些岛屿。The Malolo Cat在丹娜努码头和Malololailai岛每天航行3次，船程约50分钟。

South Sea Cruises和Beachcomber Cruises——跳岛游的最佳选择

南海游轮（South Sea Cruises）和巨浪游轮（Beachcomber Cruises）也有快速双体船往返于主要度假岛屿之间。您可以用这种方式在玛玛努卡群岛的各个岛屿间巡游，享受悠闲的游船之旅。你还可以坐游艇去Malololailai小岛附近探索一番，这里有天然的岩石洞穴。

The Tiger IV——游艇更便宜

The Tiger IV游艇从楠迪丹娜努码头出发访问玛玛努卡群岛的大多数岛屿。马洛洛岛（Malolo），马那岛（Mana）和Castaway Island的单程船票价格为F$60；邦蒂岛（Bounty Island）的单程票价F$40，Treasure Island的单程票价F$40,南海岛（South Sea Island）单程票价F$30。如果你是跳岛游，岛与岛之间需要花费F$40。

轻型飞机——顺便俯瞰玛玛努卡群岛

您可以乘坐轻型飞机到达玛玛努卡群岛。机票不贵，旅程也更快，你还可以在天上俯瞰整个海岛。太阳航空（Sun Air）和斐济航空（Air Fiji）每天都有从楠迪往返于Mana 岛和Malololailai岛的航班。可惜时间太短。

水上飞机——比海龟快的多

南太平洋岛屿水上两栖飞机（Pacific Island Amphibious Seaplanes）也飞往玛玛努卡群岛的度假胜地，但它的价格相当昂贵。直升机将带你飞往你想去的任何岛屿，但是你要支付足够的费用。水上两栖飞机使您在斐济飞往其他地方的梦想得以实现。无论您是从一个度假村到另一个度假村，一日游，观光飞行还是逃离纷繁的世界，乘坐水上飞机都可以完成你的想法。另外他们还提供救援服务，并为斐济大部分岛屿商务、个人、政府机构提供航空服务。

地址：楠迪国际机场0386

电话：（679）672-5644

传真：（679）672-5641

www.fijiseaplanes.com

● 水上飞机和斐济航空

旅游全攻略

如果您在玛玛努卡群岛度假，你会有很多的事情要做。潜水、水上摩托、滑水、钓鱼、帆船、皮划艇、冲浪、帆板，这些小岛屿可完成这一切运动。湛蓝的水域，美丽的珊瑚和迷人的白色沙滩，让玛玛努卡群岛在斐济度假天堂般的群岛中，始终能让人找到一些乐趣。

● 潜水

在玛玛努卡群岛（Mamanuca Islands）潜水是最受欢迎的活动之一。这里的潜水点数量多，足够让你有机会探索和发现一些新鲜的珊瑚礁。这里更是潜水初学者和中级潜水员的理想选择地，具有挑战性的潜水点在外海不断的被发现。这里的鱼类和珊瑚种类十分丰富，马洛洛大堡礁（Malolo Barrier Reef）以水下能见度和理想的水温闻名遐迩。

在玛玛努卡群岛最著名的潜水点当然是鲨鱼超市，在那里你可以看到很多鲨鱼，包括黑尾鲨（grey sharks），通常巡游于珊瑚礁区，亦常出现于斐济深海底层或强洋流附近较浅的潟湖区；乌翅鲨（black tip reef sharks），这种鲨鱼体呈纺锤形，躯干粗壮，头宽扁，各鳍鳍尖具黑色或暗褐色；以及主要栖息于斐济浅海珊瑚礁区的大白鲨（white sharks），传说中的食人鲨鱼。不过，这也是吸引了无数的潜水爱好者前来的原因。还有短尾鲨，它们具有洄游习性，秋冬时，迁移至南太平洋斐济较温暖水域。当然这里最多的还是成群的颜色鲜艳的热带鱼群。

哥谭城（Gotham City）海域（蝙蝠侠里一个虚拟城市的名字）和附近的“W”海域是这里的另外两个流行的潜水点，海域周围都是色彩斑斓的珊瑚礁。

北礁或马戏团也是两个热门的潜水地点，这里到处都充满了小丑鱼和板珊瑚。这些板珊瑚生活在大约三亿八千万年前的海洋里，经过分裂，产生出新的珊瑚单体。这里最多的还是各种各样的热带鱼类。

The Fish Store，Yadua Island，Camel Humps，Driwas Dream 和Barrel Head都是玛玛努卡群岛众所周知的潜水点，此外这里还有两艘沉船。

● 冲浪

冲浪也十分受游人欢迎，大浪主要集中在玛玛努卡群岛的马洛洛海浪管道和威尔克斯海浪管道。在玛玛努卡群岛以南，还有几个主要的热门冲浪地点，它们是Cloud break, the Namotu left, Lighthouse 和Swimming pools。海钓和出海航行也是这里最常见的娱乐项目。

● 高尔夫

对于想体验南太平洋球场难度的高尔夫球选手，种植园度假村有一个九洞球场，巨浪岛度假村和金银岛度假村各有一个迷你小型九洞球场。

● 跳岛游

跳岛游最为热门，作为玛玛努卡群岛最受欢迎的一项消遣活动，你可以参加更多的短途航海旅行。你需要了解更多的关于玛玛努卡群岛游船和摆渡船的航行时间。

● 潜水

住宿

玛玛努卡群岛几乎所有的岛屿都能找到住的地方。目前，在这些无人居住的岛屿上有大约25个度假村。从低预算客栈到豪华度假胜地，玛玛努卡群岛的住宿选择十分多样。度假村提供最优化的包价旅行，包括如潜水、冲浪、帆伞运动、钓鱼、滑板和帆板运动等各种娱乐项目。

如果您想在玛玛努卡群岛寻找到合适的住宿地，最主要的是你先清楚自己需要享受什么样的假期。因为这里的一些度假村不接受年幼的孩子，是专门为夫妇，情侣度假使用的。例如，如果你对冲浪度假感兴趣，Namotu岛度假村和塔法卢阿岛度假村（Tavarua Island Resort）就是你的理想选择，因为他们大多是为了迎合冲浪爱好者。而如果你是一个背包客，巨浪岛度假村和邦蒂岛保护区度假村将是你最好的去处。如果您和家人一起旅行，金银岛度假村（Treasure Island Resort），The Castaway Island Resort度假村（度假村和电影《荒岛余生》同名）。种植园岛度假村（The Plantation Island Resort）都是完美的选择，他们甚至还有照看小孩的俱乐部。

● 金银岛度假村

背景故事

怎么才能找到最适合自己的“荒岛余生”？

在群岛中最奢华的度假村要数Tokoriki Island Resort和其他一些很受欢迎的地方，包括以家庭度假为主的Plantation Island Resort，小珊瑚岛的Treasure Island Resort，能够负担得起的Matamanoa Island Resort 以及新开发的拥有高性价比的Amunuca Island Resort。这些小珊瑚岛还有Beachcomber Island，South Sea Island，他们是活跃的派对岛屿和背包客的天堂。尽管这些珊瑚岛屿看起来非常的美丽，但有时候岛屿会限制参观时间，你只能在里面游逛5-10分钟，这会让游人感觉像是在监狱。只有马洛洛来来（Malolo Lailai）有多个度假村，有可爱的Musket Cove Resort 和定位为家庭度假地Plantation Island。这里有一些幽静的海滩可供您参观，还包括攀岩和乘坐游艇到海湾巡游等活动。马纳岛（Mana Island）上也有一些偏僻的海滩和丘陵，但岛上鲜见简单的背包客栈，只有Mana Island Resort这类的大型度假村。所有度假村可乘坐游艇从远离楠迪的丹娜努码头花20分钟到40分钟到达，也可以乘坐水上飞机或直升飞机从国际机场直接到来，只需5分钟。

● Mana Island Resort

如果您对潜水有兴趣，这里的很多度假村都会为您安排潜水。对于单身的年轻人，巨浪岛度假村（The Beachcomber Island Resort）的著名狂欢大派对，一定不要错过。而如果你在度蜜月或者只是希望和你的伴侣找个安静的地方，沃莫岛度假村（Vomo Island Resort）和Wadigi岛度假村（The Wadigi Island lodge）是最好的选择，因为这里不允许未满12岁的孩子入住。

这里会提供最好的服务和设施，玛玛努卡群岛度假胜地的房价还包括一部分日常膳食。在这些度假村里你会住在斐济传统布瑞草屋别墅或宽敞的平房里，窗外就是美丽惊人的海滩。玛玛努卡群岛的任何一个度假村，必须提前预订房间，因为这里的大多数客房在旅游旺季到来之前就已经被预定一空。不要寄希望于你能直接登门找到一间有空房间的度假村。

● Mana Island Resort

共有45间客房。茅屋别墅F$376起。这里有两种类型的岛屿度假屋——适合情侣或连栋式的两栋别墅。房间均干净体面，生活面积较大，提供休闲椅及冰箱和简单浴室。其中蜜月别墅有私人露天温泉浴。度假村有三间餐厅/酒吧。从镶嵌着大木甲板的餐厅露台可俯瞰到海滩美景。室内提供自助早餐和自助餐（烤羊肉，斐济海鲜自助宴）。

地址：P. O Box 610，Mana Island，玛玛努卡群岛
电话：（679）665 0423
传真：（679）665 0788
www.manafiji.com
E-mail:info@manafiji.com

● Castaway Island

这是适合各个年龄层的夫妇度假地。共66间宽敞的斐济传统风格草屋别墅，分别处于海滨、海景以及岛屿位置。所有草屋、别墅内配备一张大床和两张传统单人床，非常舒适，适合4人居住。所有草屋还包含一个独立的淋浴、卫生间和洗手盆、吹风机、吊扇、冰箱、茶、咖啡用具以及斐济当地的洗浴用品。家具赋有海岛风情。另外度假村还提供免费的浮潜等海上娱乐活动。

地址：Castaway Island，玛玛努卡群岛
电话：（679）666 1233
传真：（679）666 5753
www.castawayfiji.com
E-mail:enquiries@castawayfiji.com.fj

• Tokoriki Island Resort

34间客房。其中29间是舒适的沙滩房间。房间干净舒适，设备齐全。餐厅拥有不错的美食和酒品。餐厅一般在泳池旁边，仰望天空可见无数的星星，这里有3家私人海滨餐厅，另外还有一个大型的室内餐厅和酒吧。这里提供的水上运动，包括在原始的珊瑚礁中钓鱼、潜水等。豪华海滩草屋F$863，日落泳池别墅F$1,149。

地址：Tokoriki岛，玛玛努卡群岛
电话：（679）666 1999
传真：（679）666 5295
E-mail: info@tokoriki.com
www.tokoriki.com

• Plantation Island Resort

共有122间客房，宛如种植园一样的岛上，拥有7种不同类别的住宿选择。所有房间都位于美丽的花园和椰林之间。这里的主要特点是提供精彩丰富的水上活动和低预算住宿，是斐济最受欢迎的家庭度假村。设施有9洞高尔夫球场地，迷你高尔夫球，徒步旅行，文化手工展，按摩SPA以及游戏厅。水上活动有潜水旅行、独木舟、帆板和海钓、水肺潜水（提供PADI课程）、风帆、滑水、冲浪等。客房F$281起。最大的住宿类型是2床的花园别墅，可以睡4-8人，每两人可分别入住在两个独立的卧室。

地址：Malololailai岛
电话：（679）666 9333
传真：（679）666 9423
www.plantationisland.com

• Tokoriki Island Resort

• Musket Cove Resort

• Musket Cove Resort

45间房，花园草屋价格从F$505起。度假村位于老椰子种植园和新设计的道路之间。所有别墅均有设备齐全的厨房、空调、录像机、电视机和CD播放机。所有的海滨、潟湖和花园都非常漂亮，有开放形式的早餐吧，带有风扇。所有的空调房间有冰箱和茶/咖啡设施。

地址：Malolo Lai Lai岛，玛玛努卡群岛
电话：（679）666 2215
传真：（679）666 2633
www.musketcovefiji.com
E-mail：sales@musketcovefiji.com

• Treasure Island Resort

67间客房，岛屿草屋F$525起。所有草屋风格的别墅都带空调及特色热带雨林装饰，部分还可观海洋景色。草屋都是双间或者四间的平房。夜晚还可以享用一桌Flambé浪漫烛光晚宴，在落日余晖中尽情享受。餐厅有现场乐队演奏并伴有舞蹈表演。这里还有一个25席位的小型婚礼教堂供举办婚礼使用，非常不错。客房内部有冰箱、茶/咖啡用具，无线上网、私人浴室，提供冷热淋浴，免费的生态化妆品和吹风机。

地址：珍宝岛
电话：（679）666 1599 或（679）666 6999
传真：（679）666 6955 或（679）666 3977
www.fiji-treasure.com

• Treasure Island Resort

• Matamanoa Island Resort

共有33间酒店客房和草屋风格的别墅。所有草屋包括两个房间、浴室和天井。房间有高高的天花板，这是传统斐济布瑞（当地人的茅草屋）构造，覆盖着错综复杂的椰子串。浴室包括独立的大淋浴、双洗手盆、吹风机、浴袍、设施和意大利瓷砖花岗岩等。13间空调酒店房排成一排，坐落在度假村热带花园内。每个房间都设备齐全。花园酒店房间F$386；海滨草屋F$622。

地址：PO BOX 9729，斐济
传真：（679）666 0511
电话：（679）666 1069
Email：matamanoa@connect.com.fj
www.matamanoa.com

• Amunuca Island Resort

• Amunuca Island Resort

33间客房，房间价格F$253起。大阳台面向2个餐厅和可俯瞰日落的酒吧和乐趣无穷的家庭滑水游泳池。西边是接待处和餐厅区，蜜月草屋别墅面向海滩。房间内有硕大的按摩浴缸。所有房间内均带有空调和卫星电视。每个草屋别墅可容纳一个家庭（四间卧室和两个浴室）并有两间独立的客房（有一张双人床和浴室），这是最便宜的房间类别，适合夫妇。酒店中间是带有花园和阳台的豪华房。

地址：P.O. Box 10656，楠迪
电话：（679）664 0640
传真：（679）664 0641
www.amunuca.com
E-mail: reservations@amunuca.com

Malolo Island Fiji Resort

海景草屋别墅有30间，每间带有一张大床和两张单人床，价格为F$625.00；豪华海景草屋别墅18间，每间带有一张大床和两张单人床，价格为F$730.00；家庭草屋别墅1间，内有2张大床和3张单人床，适合7人居住，价格为F$1176.00。餐厅提供特色菜单，就餐地点让人产生各种幻想，有海滩酒吧、阳台餐厅、树端餐厅等。可以安排婚礼、小型会议，具有独特的热带以及轻松氛围。

地址：Malolo岛，PO Box 10044，玛玛努卡群岛
电话：（679）672 0978
传真：（679）672 4299
www.maloloisland.com
E-mail:enquiries@ahuraresorts.com

Funky Fish Beach Resort

一座小而友好的岛屿度假村，设施齐全。其坐落于美丽的Malolo岛。该度假村可以看到惊人的日落美景，这里还有斐济最好的冲浪海滩，并提供了一个十分特殊的经历——潜水，珊瑚礁周围晶莹透彻的海水让人难忘！这里是05年新开的度假村，提供的住宿种类如下：高级海滨草屋别墅（1卧室和2卧室的）。宿舍私人住宿床位。房间价位F$320起，可容4人。

地址：PD 104，Malolo岛，玛玛努卡群岛
电话：（679）628 2333
传真：（679）628 2180
www.funkyfishresort.com
E-mail:enquiries@funkyfishresort.com

Bounty Island Resort

共有22间海滨草屋别墅，带有豪华浴室，每个海滨草屋前都有吊床。非空调宿舍有共享设施和吊扇，4间宿舍内每间最多能容8人。空调宿舍共享设施和空调房间。宿舍中提供床单。有独立的卫生间和淋浴设备，还提供新鲜安全的饮用水。12岁以下儿童费用减半。泳池全天开放。另外还提供滑翔伞、潜水、滑水、深海钓鱼和郊游，Senikai温泉等各种娱乐活动。

地址：PO.Box 9179，Bounty Island
电话：（679）628 3387
传真：（679）666 1003
www.fiji-bounty.com
Email: sales@bounty.com.fj

Bounty Island Resort

• Vomo Island Resort

• Vomo Island Resort

Vomo岛神秘的白沙滩，温暖清澈的热带海水，热情洋溢的人们将会捕获您的心灵，给您留下生命中珍贵的美好回忆。全面重新翻修的度假村中，别墅体现了自然优雅的风格，与周围的美丽环境相融合。每间宽敞的面山或海滨别墅都带有空调，内有新鲜的当地水果和鲜花。每间别墅都设有躺椅、户外餐桌和椅子，奢华的休息区和独立的生活区、梳妆区以及私人温泉浴浴室。

地址：Vomo岛，PO.Box 5650，斐济

电话：（679）666 7955

传真：（679）666 7997

www.vomofiji.com

E-mail:sales@vomo.com.fj

• Wadigi island Resort

私人岛，独特且令人难忘的五星级豪华度假村，是绝对保护隐私的舒适目的地。度假村有两个休息室、餐厅以及非常大的泳池。度假村的2位名厨为您提供独特的美味佳肴。吃过饭后还可以乘船去浮潜、划皮艇、滑浪风帆、滑水或者在当地村庄游览等。酒店房间的工作人员友好且为您整理好房中的一切。岛屿包租价格包括所有餐饮，一对夫妇每天约为US$ 1,920（含税US$2,256.00）。

地址：P.O.Box 10134，玛玛努卡群岛

电话：（679）672 0901

传真：（679）665 1053

移动电话：（679）999 4294

www.wadigi.com

E-mail: wadigiisland@connect.com.fj

• Turtle island

14间私人别墅，传统、环保是其风格，其中两间别墅是由斐济传统工匠建造的。这里提供宽敞，浪漫，美妙，放松的氛围，从窗口可俯瞰蓝礁湖，柔和的风拂面让您陶醉在繁茂的热带花香鸟语中。每个豪华草屋别墅均提供独立的卧室，穿衣和洗澡区，另外还有一间酒吧提供饮料和新鲜的热带水果，并有BoseCD播放机和纯正的斐济护肤产品。

地址：龟岛，玛玛努卡群岛

电话：（USA）800-255 4347（AUS）613-9823 8300

传真：（USA）360-253 3936（AUS）613-9823 8383

www.turtlefiji.com

• Lomani Island Resort

一个精品度假村，位于Malolo Lailai岛，是您理想的下榻之地。豪华套房内设有宽敞的卧室和休闲区，以及通往独立露台的法式玻璃门。客房设施齐全，备有舒适的沙发和大床、空调、吊扇、国际长途直拨电话、电视、DVD、吹风机、浴袍、免费使用的茶具/咖啡机。蜜月套房需要预订。12幢豪华别墅为修剪整齐的草坪所环绕，面朝大海。拥有淡水泳池。度假村提供多种娱乐活动：潜水、帆板、滑浪风帆、健身房、慢跑频道、附近的9洞高尔夫球场、网球场、骑车、按摩、烹调和文化课程、编篮课程、岛屿观光。海景草屋有30间，带有国王床和两张单人床，价格为F$625；豪华海景草屋别墅共18间，带有1张大床，单独的房间（内设两张单人床）F$730；家庭草屋1间，带有两张国王床和3张单人床，适合7人入住，价格F$1176。

地址：楠迪机场PO Box 9732

电话：（679）666 8212

传真：（679）666 8523

www.lomaniisland.com

• Namotu Island

Namotu占地5公顷，是真正的水上运动乐园。冲浪是这里最主要的运动，另外还有潜水、钓鱼和许多其他水上活动。岛上提供三种不同类型的住宿选择。舒适的草屋别墅带有斐济传统装饰风格，有空调、吊扇、浴室和室外淋浴、新的床单、毛巾和日常居家用品。

地址：Namotu岛，玛玛努卡群岛

电话：（679）670 6439

传真：（679）670 6039

www.namotuislandfiji.com

• Likuliku Lagoon Resort

斐济最新且最独特奢华的度假村。Likuliku的意思是“风平浪静”。这里也是斐济第一家带有水上屋别墅的度假村。独特且精美的设计，融合了当地的文化取向、传统架构，热情的斐济人民更是让人难忘。从水中看向这里宏伟的独木舟房子设计，像是一座古老传统的村落。Likuliku体现了斐济充满活力的生活，是现代设计与传统文化的融合。

地址：PO Box 10044，玛玛努卡群岛

电话：（679）672 0978

传真：（679）672 4299

www.likulikulagoon.com

• Likuliku Lagoon Resort

• Tavarua Island Resort

• Tavarua Island Resort

度假村有14间私人海滨套房客房。每间草屋别墅拥有两张大床、一张普通床、空调和吊扇、迷你酒吧和一个面向海滩的阳台，供客人观看日落。家庭草屋别墅内设两间卧室，一个共享浴室和起居室，还有个较大的海滨阳台。家庭草屋别墅中安置了空调，可容纳4个成人同时居住。度假村内还有餐厅和酒吧以及泳池、Spa、精品店。度假村包含的水上运动有钓鱼，浮潜、潜水。陆上运动有网球、排球、乒乓球、文化旅游等。

地址：玛玛努卡P.O.Box 1419

电话：（679）670 6513

传真：（679）670 6395

www.tavarua.com

• Walu Beach Resort

度假村位于大马洛洛岛，是玛玛努卡群岛中最大的岛屿。度假村矗立在岛屿西部，客人可以在此游泳、跳水、做水上运动、垂钓、冲浪或者在沙滩上晒日光浴。度假村拥有120张床位，从崭新、凉爽的大房到山对面的草屋别墅都有，每间最多可容纳8人。奢华的海滨草屋别墅最多可入住6人。用餐可在户外或者泳池边进行。从烤肉到传统斐济食物，度假村提供岛上最棒的烹饪。

地址：Malolo Levu Island，玛玛努卡群岛

电话：（679）665 1777

传真：（679）664 5973

www.walubeach.com

E-mail：theresort@walubeach.com

• Beachcomber

宿舍房每人F$119。房间是一个巨大的宿舍，有84张双铺床位以及储物柜，14间客房和22间草屋别墅，所有草屋别墅均有热水淋浴设施。所有22间草屋别墅（6间高级房及16间海景房）和16间双向房间有阳光阳台与私人设施-冰箱、茶、咖啡壶和吊扇。客人可以参加包括潜水，香蕉船及帆船等水上运动，其中潜水设备和很多活动都是免费的。

地址：Vuda, P.O. Box 364，

电话：（679）666 2600

传真：（679）666 6716

www.beachcomberfiji.com/

E-mail: info@beachcomberfiji.com.fj

• Ratu Kini's Dive Resort

位于楠迪西30公里处，Mana岛上。度假村提供多种住宿种类以迎合不同客人的预算要求。拥有宿舍，两张单人床的双人房、双人房、家庭草屋别墅和露营设施。

地址：Mana岛，P.O. Box 2845，玛玛努卡群岛
电话：（679）672 1959
传真：（679）672 0552
E-mail: enquiries@ratukini.com
www.ratukini.com

• The Sea Island

位于玛玛努卡群岛，它是完美的旅游住宿地，很方便游人到达。岛上拥有32张床的宿舍带有一个大甲板和日光躺椅。岛虽小，但被水晶般清澈的海水和珊瑚礁所包围，水域内拥有1000多种热带鱼类。免费提供淡水游泳池和非机动水上运动设备，同时在这里您还可以观赏到惊艳的落日景观以及品尝到美味的食物。可选择的活动有，潜水、独木舟、海浪帆船探险、无限使用非机动水上运动、浮潜设备、游泳池。宿舍房约合F$99/人。

电话：（679）675 0499
传真：（679）675 0501
www.awesomefiji.com
E-mail: info@awesomefiji.com

• South Sea Island Resort

这个岛很小，但提供周全的服务，从丹娜努码头到这里需要30分钟。在这里您可以享受半自助旅行、跳舞、在淡水游泳池中遨游、在涨潮和落潮后潜泳等活动。岛上住宿属宿舍风格，有32张床的宿舍，还有餐厅区域以及2个冷水浴室。价格每人每间F$99。

地址：Mamanuca，玛玛努卡群岛
电话：（679）675 0500
传真：（679）675 0501
www.awesomefiji.com
E-mail: info@awesomefiji.com

• South Sea Island Resort

● Likuliku Lagoon Resort

Top 10 玛玛努卡群岛最佳度假村指南

1. Beachcomber Island Resort，巨浪岛度假村在欧美最为出名，主要是因为这里整晚都有喧闹的晚会和舞蹈。

2. Bounty Island Sanctuary Resort，如果你的预算有限，邦蒂岛保护区度假村将以丰盛的食物和友好的员工态度让你得到超值的享受，这里被称为世界上最酷的背包客小岛。

3. Vomo Island Resort，对于想避开人群，寻找个僻静之地的游客来说，沃莫岛度假村是你必须要去的地方。

4. Plantation Island Resort，如果你是与家人一起度假，种植园岛度假村是一个不错的选择。在选择度假村的时候，不要忘了问是不是允许带小孩子，因为有些度假村专门为成人、夫妇提供住宿服务。

5. Tokoriki Island Resort，是群岛中最奢华的一个。

6. South Sea Island Resort，活跃的派对岛屿和背包客的天堂。

7. Tavarua Island Resort，冲浪者理想的选择地。

8. The Castaway Island Resort，这个度假村和电影《荒岛余生》同名，是服务一流的度假岛屿。

9. Mana Island Resort，在中国最有知名度的大型度假岛屿。

10. Likuliku Lagoon Resort，拥有斐济第一家水上屋别墅的度假村。

亚萨瓦群岛
Yasawa Islands

亚萨瓦群岛
Yasawa Islands

概况

亚萨瓦群岛是一个由20座岛屿组成的大岛链，向东北延伸90公里，距离维提岛西海岸40公里。湛蓝的海水、白色的沙滩、绵延的珊瑚岸礁和蔚蓝的瀉湖，给这些荒芜的岛屿提供了一幅壮观的背景图。维提岛的降雨源于南方信风的作用，但这却使西海岸的亚萨瓦群岛全年降雨稀少，阳光灿烂。

亚萨瓦群岛以其崎岖的丘陵，陡峭的岩石构成独特的景观而闻名，20个火山岛链将迷人的海滩和著名的蓝色礁湖连接在一起。亚萨瓦群岛是斐济最受欢迎的旅游目的地之一，位于玛玛努卡群岛北部。这些原始的岛屿，从北一直延伸约90公里，形成了一条直线的岛链。亚萨瓦群岛人口稀少，僻静、安宁、犹如苍穹下的一串明珠。

1980年14岁的波姬•小丝因裸体出演《青春珊瑚岛》而一举成名，她的仙姿玉质，使之成为许多男人的梦中情人。而这部著名影片就是在亚萨瓦群岛的龟岛（Turtle Island）拍摄而成的。今天亚萨瓦群岛作为一个旅游热门地点，特别吸引欧美的年轻背包客。大约30家度假村分布在这里12个主要岛屿之中，主要适合蜜月旅行、家庭度假、背包客探险游以及各种活动。这里的住房价格大多数人都负担得起。度假村提供最基本的茅草屋，不错的膳食和一些娱乐活动，例如潜水、浮潜、独木舟、钓鱼、水下洞穴探险和参观当地乡村等。

亚萨瓦群岛绝对是个放松身心的好地方，在这里你可以远足、潜水，海钓。事实上，大部分的海滩上都有潜水设施。您可到传统的渔村去探访当地渔民，体验一下平静的乡村生活，并和当地人打成一片。亚萨瓦群岛没有银行、医院、商店、邮局，越往北走，越安静，越容易发现美丽的景色。这里还有一个从经济型客栈到独特的五星级度假酒店的美妙组合。平静安宁的岛屿与慷慨热情的当地人民相结合，使亚萨瓦群岛成为一个特殊的，让人获得真正旅行体验的度假胜地。

● 海底风光

● 蓝色珊瑚岛巡游游轮

交通

岛屿上有白色的沙滩和清澈的海水，茂密的热带雨林和火山岩。亚萨瓦群岛每天都有来自丹娜努（Denarau）和劳托卡（Lautoka）的快速双体船往返于此。

随着亚萨瓦群岛正发展成为一个了不起的度假目的地，越来越多的游客正准备访问这些美丽的群岛。如果你的旅行预算有限，你应该参加当地旅行社组织的航海探险。有趣、省钱，这些包价游船将带你航行到更远的岛屿，同时还提供两种住宿形式——船上和岸上住宿，并提供餐饮，户外活动如游泳、潜水、浮潜、钓鱼，徒步旅行和拜访传统村庄等非常丰富的项目。

如果你不介意把你的假期花费在大海上，那么参加短期的豪华游轮是一个游览亚萨瓦群岛的极好途径。豪华游轮有舒适的住宿舱位，为您提供潜水探险活动和美味的饮食。豪华游轮还带你访问许多当地村庄、迷人的海滩。

库克船长巡游（Captain Cook Cruises）和蓝色珊瑚岛巡游（Blue Lagoon Cruises）是主要的两家豪华游轮项目。蓝色珊瑚岛巡游（Blue Lagoon Cruises）还提供7天的潜水旅行，带你在斐济著名的潜水点畅游水下世界。库克船长巡游（Captain Cook Cruises），提供3天到4天的包价旅行，包括乘坐游艇从枪湾到马洛洛岛（Malolo）的海上之旅。

每天早上从丹娜努码头可乘船到亚萨瓦群岛，搭乘快速双体船还能到更远的岛屿。这些运营船只航程的长短取决于你访问的岛屿位置。

航海——购买400美元的布拉通票最合算

乘船前往，如果你要去Tavewa岛，此行需要大约4个小时，而如果您要访问Kuata或Wayalalai，却仅需花一个半小时的路程。每个岛屿的票价也取决于你旅行的路程，越远的岛屿，票价越高。如果你有一个灵活的旅行时间，考虑购买400美元的布拉通票，让您在21天内跳岛游。许多度假村都有各自的交通工具接送客人。蓝色珊瑚礁巡游（Blue Lagoon Cruises），库克船长巡游（Captaincook Cruises）为最佳选择。

乘船——搭乘客船（Yasawa Flyer）最经济实惠

从楠迪搭乘可容纳200名客人的客船（Yasawa Flyer）花费2个小时到这里，或者从劳托卡乘坐20人的小船到WayaLailai resort。

航空——最难忘的翱翔

在亚萨瓦群岛有两个简易机场，一个是在龟岛（Turtle Island），另一个在Tavewa岛。单程飞行耗资F$100以上，这是一项昂贵的选择，然而值得欣慰的是，飞机舷窗外是令人难以置信的风景。

旅游全攻略

从玛玛努卡群岛向北延伸而下的火山岛屿链，统称为亚萨瓦群岛。亚萨瓦群岛上的住宿条件，提供从经济型客栈到拥有独家度假村的私人岛屿价格不等的选择。

亚萨瓦群岛的低预算度假村，一般都是拥有简单质朴的草房型的，但是也有比较现代化设计的平房，但是他们所提供的服务，如厕所、热水淋浴设施和电力设备各不相同。背包客的宿舍是两个人之间共享的简单客栈。如果你能负担得起，一些低预算的度假村也有家庭草屋类型的别墅。膳食通常包含在您的房费中，提供简单的本地菜。

● 龟岛

低预算度假村允许野营，但是，你必须自己安排膳食。但有一点你要记住，如果你想在亚萨瓦群岛露营的话，这里没有任何商店或杂货店，你要自己准备食物和饮料。

低预算沙滩平房瞄准背包游客群，如Bayside Resort，Manta Ray Resort，Long Beach Resort，Safe Landing Resort 以及Oarsmans Bay Lodge。在亚萨瓦最受欢迎的旅游度假村之一就是Oarsmans Bay Lodge，它也为家庭度假提供舒适的服务。

除了这些当地人经营的平房，这里也提供一些太平洋海岛探险旅行的经济型酒店，如Hideout Beach Resort。岛内拥有健康的生活方式。海滨别墅建筑将斐济传统建筑与现代风格融合。茅草屋顶，保持室内凉爽，而现代设施更增加了其便利程度。提供了从享受的套房草屋到节省的共享浴室和淋浴设施的标准草屋，适合客人的各种需求。所有住宿地距离私人白色沙滩都只有几步之遥。这里适合情侣，家庭或背包客。如果您正在寻求浪漫之旅，想要经历独特的文化体验，那就来这里。餐厅提供国际性餐食，新鲜的水果和蔬菜、南太平洋啤酒和热带鸡尾酒。私人套房草屋F$200（双人），普通草屋F$160（双人），单人宿舍草屋F$80。

地址：亚萨瓦群岛
电话：（679）628 3803
www.hideoutfiji.com

● 亚萨瓦群岛奢华的度假村

对于高预算的客人，你可以享受自己的美丽海滩和高档度假酒店。现在越来越多的游客喜欢原始自然、田园风情的岛屿度假村。在亚萨瓦也有比较高级的度假村，如斐济草屋别墅，那里有空调和独立的起居室、卧室干净舒适，宽敞明亮。膳食、饮料和多数户外活动都包括在房费内。请记住，有些豪华的度假村，不允许12岁以下的儿童入住。

比较讲究的游客散落在从南向北的各个度假村中，这里还有一些奢华的度假村包括Nanuya Island Resort，这家的水上运动非常棒。令人愉快且深受意大利风格影响的Navutu Stars Resort，饮料很地道。僻静的亚萨瓦度假村（Yasawa Island Resort & Spa），在北部边缘的亚萨瓦岛上，这家豪华度假酒店坐落在美丽的海岸线内，这里有斐济最美丽的沙滩。亚萨瓦岛也是斐济两大奢华游轮航程的目的地。

如果你不为旅费担心，龟岛度假村将是你的好选择，这里是斐济最著名的度假村之一，提供独特的住宿体验，只有在7月份和圣诞节度假期间才允许儿童入住，不过价格高的惊人。

在选择亚萨瓦群岛酒店的时候，你要考虑到自己的度假方式。如果你住在Wayasewa岛，这里有一流的徒步旅行线路。如果你对潜水更感兴趣，那你应该留在夸塔岛。

纳维蒂岛（Naviti）

纳维蒂岛是亚萨瓦群岛中最大的一个岛屿，方圆 33平方公里，面积约合该群岛的一半，这个岛屿非常坚固。近海的浮潜非常值得一去，有大量的海上独木舟供客人使用，如果你不想在海滩上休闲放松，登上山顶俯瞰整个度假村也不错，你会发现亚萨瓦群岛惊人的美丽。登山最好安排在清晨或傍晚时分，因为这里没有树，无法遮阳。一条小路会带你沿着纳维蒂山峰的侧翼顺势而上。这条小路一直通向岛屿南部的观光露台，在里面游人可以俯瞰到经常出现蝠鲼的珊瑚礁潟湖，景色非常壮丽。喜欢冒险的人，可以从另一边走下去，那里将到达一个叫Soso的小渔村。科罗沃度假村（The Korovou Resort）和椰子湾度假村（The Coconut Bay Resort）都在纳维蒂。

• Korovou Eco Beach Resort

位于纳维蒂岛中心的科罗沃生态度假村，是夫妇们理想的完美度假胜地。

地址：Naviti岛
电话：（679）665 2812
传真：（679）665 1001
www.korovouecoresort.com.fj

• Coconut Bay Beach Resort & Spa

椰子湾度假村是一个广受欢迎的小度假村，它位于著名的科罗沃海滩，是活跃的背包客最喜爱的纳维蒂岛西北部的度假胜地。这里有友好热情的员工，令人难忘的日落美景。宿舍非常干净、食物也非常美味。F$60起。

地址：Naviti岛，P.O.BOX 6409
电话：（679）666 6644 /（679）9373212
www.coconutbayresortfiji.com

• Coconut Bay Beach Resort & Spa

Botaira Beach Resort

Botaira Beach Resort

Botaira Beach Resort是一个典型的南太平洋天堂度假村，浪漫的斐济草屋与美丽的白色沙滩和椰子树海滩只有几步之遥。Botaira海滩度假村，隐密、快乐，有11个带有宽敞现代浴室设施的海滨斐济风格草屋。私人草屋内宽敞通风，有一张大床外加一个单独的沙发床，还有躺椅、储衣柜和桌子。浴室有冷热水淋浴以及毛绒绒的浴巾用品。房间每天都有人打扫，整洁舒适。F$333起。

地址：纳维蒂岛（Naviti）
电话：（679）666 2266 /628 6988
传真：（679）670 7002
www.botaira.com
E-mail: fiji@botaira.com

Manta Ray Island Resort

Manta Ray Island Resort

这里的草屋距离海滩仅几步之遥，每间草屋的修建都能让住宿者感受到凉爽的海风，草屋位于椰林之中，以过滤阳光。这里是友好的环保型度假村。32床天堂宿舍F$49；树屋草屋F$128；丛林草屋-套间F$195。这里最有名的是可以参加观看大群蝠鲼的浮潜和潜水之旅。

地址：亚萨瓦岛
电话：（679）672 6351 /（679）664 0520
传真：（679）672 6351 /（679）664 0520
www.mantarayisland.com

瓦亚岛（Waya）

瓦亚岛以其美丽的珊瑚礁潟湖，优美的海滩和观看日出的山顶眺望台而闻名。这里有4个村庄。在瓦亚岛洁白沙滩旁边的就是双湾度假村（Twin Bay Resort），这里是斐济最舒适的海滩和亚萨瓦最好的背包客度假村之一。该度假村有传统的茅草房，六床宿舍，非常适合情侣。在度假村南端，有一个浅水沙滩，退潮的时候，岛屿连接到Wayalailai岛的Naboro村，这里有一所寄宿学校。山顶（Yalobi Hills）是欣赏日出和落日的最佳地点。

从双湾度假村步行登山看日落是许多游人的选择。从这里可以看到惊人的Yalobi海湾，木薯种植园以及遥远的亚萨瓦岛链。幽静的海滩周围是安静的海滨娱乐度假村（Bayside Resort），这里只有两个茅草屋，但是却横跨海湾和丘陵，因此景色绝佳。由向导带领徒步沿着山路爬到最高的510米处，你就可以俯瞰山脚下的纳泰瓦村，眺望亚萨瓦群岛的东海岸和西海岸、陡峭的山脊、蔚蓝的海湾、翠绿的岛屿、壮观的海岸线与连绵起伏的山麓浑然一体。

• Octopus Resort

斐济最好的15人单床宿舍，宿舍灯火通明，通风良好，每日有人清洁打扫。每个床位有舒适的枕头、蚊帐和风扇，还有干净的床单、毛巾，以及每天一换的沙滩毛巾。价格每晚F$ 20。4床宿舍注重隐私，可以看到花园景色，有室外淋浴。价格是每晚F$35。5床宿舍每晚F$20。私人平房每晚F$89。花园景草屋每晚F$129。海洋面花园景草屋每晚F$139。高级海滨草屋每晚F$195。

地址：亚萨瓦岛
电话：（679）666 6337
传真：（679）666 6210
www.octopusresort.com/
E-mail:reservations@octopusresort.com

• Octopus Resort

● 瓦亚岛度假村

• Adis Place

阿迪的位置是在南部的亚萨瓦岛，是一所低预算平房度假村，于1981年营业，在瓦亚岛西侧的Yalobi村外。三间标准草屋带有共享的浴室，而单一豪华草屋带有私人浴室（只提供冷水洗浴）。这里可提供家常便饭和冷饮。房子内有3间客房，每间都带有双人床、休息室和一个室外浴室。另外的房子有2个8床的宿舍房，带有户外共享浴室。两座房子的后面是两间小的私人平房带有私人木制阳台和套间浴室（仅供冷水）。

地址：亚萨瓦岛

电话：（679）665 0573

• Bayside Resort

海滨茅草屋F$140，只有两间传统茅草房，内设一张双人床，蚊帐和高天花板。有冷水淋浴的公共浴室，独立的抽水马桶和室外水槽位于两间屋子之间的室外水槽,方便每位客人的使用。提供了新鲜且源源不断饮用水。岛内没有商店，生活用品如防晒用品和医疗用品供应有限。餐厅菜肴良好，如若是素食者请提前通知预订。

电话：（679）672 2600/（679）665 0096

传真：（679）672 7999

www.baysideresortfiji.com

斐济全攻略

亚萨瓦群岛

■ 夸塔岛（Kuata）

夸塔岛是一个拥有令人难以置信的岩石、洞穴、峭壁的小岛。这里的潜水条件非常好。夸塔岛是一个无人居住的岛屿，由邻近Wayasewa岛的纳马拉村村民所拥有。岛上大部分都是荒无人烟的丘陵，除了一个受保护的风景如画的沙滩。这里靠着Likunivisawa瞭望点，登上去远远的眺望，你能看到Wayasewa岛壮观的悬崖和崎岖的海岸线。

夸塔岛还有几个迷人的岩石洞穴，这使得岛屿探索多了几分惊险的成分。

• Kuata Natural Resort

夸塔岛度假村是一个活泼的背包客度假村，位于有着骄人景色的岛屿北端。这是一个令人愉悦的私人住宿环境，适合夫妇、单身游客。塔度岛假村提供大量的以水为基础的活动以及良好的步行跋涉活动。住宿类型有：带有双层床的20床共享宿舍；带有私人浴室的传统斐济草屋或带有宽敞客厅，浴室套间，室外淋浴（仅供冷水）的现代平房。一日三餐的花费包含在房间价格中，还提供就餐区或户外野餐风格的桌子。宿舍F$60，标准草屋F$150。

地址：Waya岛

电话：（679）651 0504

• 夸塔岛度假村

● Wayalailai Ecoheaven Resort

Wayasewa

众所周知，这里又称为Wayalailai，这个岛在劳托卡西北40公里处。这里的海滩非常好，有一些美丽的珊瑚礁。岛上主要的村落是纳马拉村。Wayasewa岛上布满岩石，在南海岸上屹立着349米高的山峰，上面是老纳马拉村落的碉楼。更迷人的海滨在岛屿的北侧。无论是在Wayasewa岛东部或西部海岸都是陡峭的岩石。在西北部海岸的岛上的两个渔村，Naboro村是最大的，拥有一所中学，并有大量公寓。隔壁的Bonini村旁边是80米的珊瑚礁潟湖并与瓦亚岛相连。当退潮时，你可以步行前往瓦亚岛，光着脚深一脚浅一脚的前行。随着涨潮的来临，海浪将这一条沙滩小路淹没，这里又变成了两个不连接的岛屿。

所有旅客必须乘船到达这里，你可以从楠迪搭乘可容纳200名客人的客船（Yasawa Flyer）花费近2个小时到这里，或者从劳托卡乘坐20人的小船到WayaLailai resort。

• Wayalailai Ecoheaven Resort

毗邻而居的是Wayalailai生态天堂度假村。陡峭的山路蜿蜒上行，一个巨大的岩石在山峰的顶部，人们称为滚石。最后50米的攀登路途相当陡峭，但这里有不会让你失望的美景。近在眼前的海湾美的难以置信，你能看到夸塔岛和瓦亚岛（Waya Island）的全景。

地址：Wayalailai岛

电话：（679）603 0215

手机：（679）932 3446

www.wayalailairesort.com

Email: wayalailai@connect.com.fj

Tavewa

亚萨瓦群岛以北有10个地势相对较低的岛屿，最高的是Matacawalevu岛，不到300米，这里很多地方都是连绵起伏的丘陵。这里的海滩是主要吸引游客的地方，可浮潜和潜水，珊瑚礁绵延到整个海湾。5月至10月，这里聚集了很多游艇，他们将Matacawalevu岛和Nanuya岛作为避风港。在山海间，豪华游轮也在此停留过夜。

仅3平方公里的Tavewa非常小，但提供了一些不错的游泳和潜水地点。这个岛上有4家度假村，水上运动丰富多彩，尤其是潜水活动。Savutu和Tavewa南端都是了不起的浮潜目的地。

Otto & Fanny's Place

如果您喜欢冒险的话，不妨尝试一下，这里拥有宽松的度假环境，舒适的草屋，完善的私人设施和优良的食物。这里有潜水中心，配有各种潜水课程、浮潜、独木舟，提供前往附近岛屿和洞穴的潜水探险活动。这里拥有您想要的一切，所有住宿都包含私人淋浴、卫生间和供电设施。2间家庭草屋可睡4人，私人草屋每晚F$90，双床住宿$210，包含一日三餐。宿舍带有10张单人床和共享套间浴室和卫生间设施。新豪华花园草屋每晚F$100，双床住宿F$220，含一日三餐。

地址：Tavewa岛
电话：（679）666 6481
传真：（679）666 6481
www.ottoandfanny.com

Coral View Island Resort

这是一家实用、友好的度假村。这里是绝佳的日光浴场所，让您的身心得到完全放松。度假村提供平价住宿以及餐食，还有各项精心设计的活动，让您有最愉快难忘的假期。度假村提供空调和风扇节能小屋、24小时电力、水肺潜水中心、商店（内有纪念品，蜡染布，化妆品等）、国际电话以及乘船旅行、沙滩排球、书籍租用等丰富多彩的活动。这里共16间房，房子类型：双人间、混合宿舍、四人间、单人间以及三人间。房间价格F$65-385。

地址：亚萨瓦Tavewa岛
电话：（679）666 2648
传真：（679）665 2777
E-mail:coral@connect.com.fj

Coral View Island Resort

Davids Place

大卫的背包客度假村是Tavewa岛特有的背包族住宿地之一，位于群岛的北端。在这儿有大型混合双层床宿舍，宿舍旁有共享浴室设施、两个带有私人浴室的木制家庭小屋。餐厅设置在海滩的椰林下，有一个酒吧。度假村拥有自己的发电机，只在早晚供电。水上运动中心包括PADI潜水课程。岛上有几条步行栈道，可观看邻近岛屿宜人的日出和日落景观。这里共提供10间宿舍，2间私人草屋。

地址：Tavewa岛，亚萨瓦
电话：（679）672 1820
传真：（679）672 1280
E-mail:davidsplacefiji@is.com.fj

Nacula

Nacula岛有32平方公里，是亚萨瓦群岛的第三大岛。在该岛南部有一个新月形的迷人海滩，Nacula岛是多山的火山地质结构。在岛上有4个村庄，在这里远足也很不错，一些绝美的海滩适合浮潜。这里有两个度假村，桨湾别墅（Oarsman′s Bay Lodge）和安全之地度假村（Safe landing Resort）。

● Safe Landing Resort

● Oarsmans Bay Lodge

这里有斐济最美丽的海滩之一，是头号低预算岛屿度假村。始建于2000年，这里提供了友好的氛围，拥有广泛多样的国际宾客以及优良的设施和合理的价格。住宿由六间豪华草屋和两间家庭草屋构成，所有房间都带私人设施，另外还有1间大宿舍和一块露营地。该度假村提供丰富多彩的活动，美味的食品，饮料。最低要求住宿3晚。家庭风格草屋F$ 289；豪华私人草屋F$ 182.32；复式草屋F$144.50；宿舍F$ 24.81；露营（自带帐篷）F$ 27.17，不带帐篷F$38.99。

地址：Nacula Island，亚萨瓦
电话：（679）6030174 /（679）6722921
传真：（679）6030175
www.oarsmansbay.com/

● Safe Landing Resort

共11间房。宿舍F$65一晚，双人房（共享浴室）F$165，私人房间（套间浴室）F$180。两个传统风格的斐济茅草屋内设置了宿舍床位，每间屋子有十张床位。私人住所是现代木制平房，地面由瓷砖铺设，上有吊扇、冷热水浴室。连栋式的两栋住宅有两个或三个标准房，浴室共享。餐厅提供准点饭菜，可俯瞰沙滩。

地址：Nacula Island, 亚萨瓦
电话：（679）623 2984
www.safelandingfiji.com

● Nalova Bay Resort

隐蔽在凉爽的Nalova岛海湾沙滩树荫之下，7间草屋在树木的掩映下等待您的发现。高级的草屋却只要宿舍的价格，十分的超值。海滨小屋一次可容纳2-3人住宿，而庭院的小屋一次则可容纳5-6人。度假村设施包括个人卫浴设备、冰箱、冷/热水淋浴。度假村提供多样的斐济式、中式以及西式餐点，在这边您可以选择多种活动，包括潜水、健行、村落之旅、海滩排球等等。

地址：Nacula岛，亚萨瓦
电话：（679）666 9055
传真：（679）672 8276
www.nalovabayresortfiji.com.fj
E-mail: nalova_resort@yahoo.com

● Nacula Beach Resort

一座远离现代生活的小度假村。这里海水蔚蓝，其沙滩最美，最遥远，最寂静。茅屋在棕榈树下，您还可以自己搭帐篷，每天起床都可看到大海，晚上可以躺在海边的吊床上看星星，过上一段远离喧嚣的惬意生活。住宿F$250起。

地址：PO Box 2286

电话：（679）666 9676/（679）926 4694

E-mail: yasawatourism@connect.com.fj

● Nabua Lodge

纳布阿小屋是一个小型的家庭旅馆。传统风格的茅草度假小屋面向风景如画的白色沙滩。住宿是带有公用浴室的简单茅草屋，还有带有基本浴室套间的3间木制小屋。宿舍F$60，标准草屋F$150。

地址：Nacula岛，亚萨瓦

电话：（679）665 9173 /（679）993 5639

E-mail: nabualodgefiji@connect.com.fj

● Melbravo Resort

坐落在Nacula岛南端风景如画的海滩旁。传统草屋提供了基本住宿条件，带有共享浴室，简单的木制平房带有小型浴室套间。这个小度假村隐秘友好。提供10间小别墅，价格为F$60，2间标准草屋，价格为F$150。

地址：亚萨瓦Nacula 岛

电话：（679）665 0616/（679）978 0407

Nanuya LaiLai

著名的蓝色珊瑚岛海滩就在Nanuya LaiLai。这里拥有迷人的岛屿和红树林，还有不少为背包客准备的廉价度假村也位于此处，更多的住宿地点在Nanuya Lailai稍北处，包括三个背包客客栈。只有蓝色珊瑚礁游轮才能到达这里的海滩。

● Nacula Beach Resort

- **Sunrise Lagoon Resort**

这是低预算乡村海滨度假胜地，拥有斐济风格的草屋，整洁、舒适的宿舍，室内餐厅/娱乐/酒吧区域，室外有夏日草屋。8间草屋、14间宿舍。这里可以进行徒步旅行，也可以乘坐帆船出海。两晚三天套餐：宿舍住宿F$365起。

地址：Nanuya Lailai，亚萨瓦
电话：（679）666 6644 - 9484936 4767

- **Gold Coast Inn**

黄金海岸度假村是沿多风的Nanuya Lailai岛东海岸白色沙滩上相邻的四个低预算度假村之一。这是一个轻松的美丽地方，是平和私密的背包族天堂。黄金海岸度假村保证了各种水上活动，还有斐济美味烹饪风格，主要提供的是海鲜和每日新鲜蔬菜。住宿包括7间私人套间式设计房间，1间可睡6人的宿舍和露营地（自己带帐篷），所有客房都有自己的浴室和卫生间。所有住宿价钱包括一日3餐。

地址：Nanuya Lailai, 亚萨瓦
电话：（679）6651580 /（679）926 3863

- **Nanuya Island Resort**

Nanuya岛度假村坐落在美丽的萨瓦斐济群岛。距离白色的沙滩，神话般的浮潜地点，惊人的潜水地点仅需几分钟脚程。4栋豪华别墅和8间传统的草屋使您永远不会感觉拥挤或局限。在这里一切都是悠然自得，自由自在。所有草屋都带有凉爽的风扇，蚊帐和灭蚊器。

传统草屋F$ 260；豪华别墅F$ 420。
地址：Nanuya-lailai岛，亚萨瓦
电话：（679）666 7633
传真：（679）666 1462
www.nanuyafiji.com/

● Sunrise Lagoon Resort

Matacawalevu和Yaqeta

细长的海滩，从美丽的洁白沙滩一直延伸到亚萨瓦南端的绿松石海湾。在瀉湖周边有三个度假村：长滩度假村（Long Beach Resort），是一个专为背包客准备的低预算住宿地；与整个海湾相邻的是意大利人拥有的具有地中海设计风格的高档度假村（Navutu Stars Resort）；在海湾的东面是龟岛度假村（Turtle Island Resort），它拥有14个私人海滩。

- **Long Beach Resort**

共有10间房，宿舍床位F$70；标准茅草屋（共享浴室）F$180；标准茅草屋（套间浴室）F$200；豪华茅草屋（套间浴室）F$250。长滩住宿的8床宿舍适合精打细算的低预算旅客，是带有公用浴室（冷水）的简单茅草屋。还有一个较大的私人茅草屋带有自己的浴室（只供冷水），所有平房都是传统设计风格，修建在沿着海滨的椰子树之间。该度假村有一个自己的发电机。

电话：（679）6727702
www.longbeachfiji.com

• Navutu Stars Resort

位于宁静的Yaqeta岛海湾，花园茅草屋F$588；海滨草屋F$823；大草屋F$999。该度假村位于完美无瑕的海滩旁边，提供了9间宽敞的茅屋与地中海风格开放式设计的平房，拥有粉刷的墙壁和漂亮的家具。令人愉快的餐厅内提供意大利风格和斐济风格的菜肴。Navutu Stars Resort是浪漫的蜜月度假地。客人有机会享受真正的斐济乡村经历，还有潜水、非机动水上运动、瑜伽讲习班、宁静放松的按摩服务以及时尚游泳池。

地址：P.O. Box 1838，Yaqeta岛

电话：（679）664 0553，主岛办公室和度假村（679）664 0554

传真：（679）666 0807

www.navutustarsfiji.com/

E-mail：reservations@navutustarsfiji.com

• Navutu Stars Resort

■ 龟岛（Turtle Island）

龟岛是更远的更有名的岛屿，从东海岸出发不到1英里就是整个潟湖。这里曾经是影片《蓝色珊瑚岛》的外景地，这家私人拥有的岛屿，以龟岛度假村（Turtle Island Resort）豪华的住宿而闻名，别墅价格从每对夫妇2000美元起，其中包括情侣龙虾套餐和法国香槟。

■ Sawa-i-Lau

石灰岩岛，Sawa-i-Lau正处于亚萨瓦岛南端和Nacula湾北部海岸，这里有一个令人振奋的洞穴，您可以通过水下潜水游过去。墙壁上的绘画、雕刻和各种记录石刻，其意义至今仍然不明。

• Sawa-i-Lau

■ 亚萨瓦岛（Yasawa Island）

在亚萨瓦群岛的最北端，令人印象深刻的悬崖正对着西海岸，这里只有一个高档度假村岛，在一个僻静的草地跑道附近是客人专用的轻型飞机。这个度假村，拥有自己的潜水中心，并提供四轮驱动越野车，以及狩猎活动。东海岸的潟湖提供了丰盛的海鲜。北部海滩非常美丽，租给了两家豪华邮轮公司。岛屿上有6个村庄，Teci渔村也许是斐济最传统的渔村之一。超过一半的住房都是传统的茅草屋，与其相呼应的是碧绿的珊瑚礁。

• Yasawa Island Resort & Spa

亚萨瓦度假村位于洁白沙滩和传统的渔村旁，拥有美丽的私人海滩和非凡的潜水、钓鱼比赛。你可以探索岛屿，享受野餐。共有16间僻静的海滩潜水度假村（两个无人居住的岛屿）。茅草屋套房US$1,045；豪华茅草屋US$1,234；奢华茅草屋US$1,586。蜜月套房独特舒适，位于沿海滩步行约8分钟的一处极其僻静的海滩旁，蜜月茅草屋（带泳池）US$2,115（去这里用高尔夫球车代步）。这里的大型度假屋都拥有巨大的室外阳台和壮观的海景。

电话：（679）672 2266

传真：（679）672 4456

www.Yasawa.com

E-mail: reservations@ Yasawa.com.fj

• Yasawa Island Resort

Top 10 亚萨瓦群岛四处游览

亚萨瓦群岛为喜欢冒险的旅行者提供了大量的探索机会，在这里游客也有很多事情可做，这些够游客们忙几天了。您可以拜访远处的岛屿和渔村。亚萨瓦群岛的当地人非常友好，但要记住，他们有自己的方言，这使得大家很难沟通。

1. 徒步旅行观赏花开花落

在亚萨瓦群岛徒步旅行绝对是勇敢者的游戏，大多数岛屿地势崎岖，不好走。Wayalailai和瓦亚（Waya）都有一些优秀的徒步旅行路径。这里最初是由徒步旅行者发现的。现今岛上居民主要靠捕鱼及耕作为业。虽不断有游人慕名而来，但小岛平静温和、悠然自在的气质仍未受污染。这些探险跋涉活动通常应从清晨开始，以避免当天晚些时候的炎热天气。

2. 不去潜水或浮潜等于没来

亚萨瓦群岛常年海水温暖，清澈湛蓝，并以海洋生物的丰富性而著称，亚萨瓦群岛有20个不同岛屿，每一个都有自己的潜水点。亚萨瓦有色彩斑斓的软珊瑚，水下洞穴和许多未被破坏的珊瑚礁和蓝色珊瑚潟湖，这使得在这里潜水其乐无穷。小心，你也许会遇到礁鲨、鳐鲼、玳瑁，还有种类繁多、光彩绚丽的软珊瑚。这里还有很多通过PADI潜水中心认证的潜水店或潜水俱乐部，他们拥有相当数量的潜水装备。亚萨瓦群岛适宜的潜水点，可提供符合PADI标准的培训课程，同时，这里的潜水中心可为初学者提供更专业的服务内容。

● 斐济村落

● 光彩绚丽的海底

3. 水下探洞

您也可以参加水下探洞之旅。你首先需通过一个水下隧道，洞穴是水平状的，起伏不大，然后潜水进入地下洞穴。这不是什么浪漫的旅行，但是当你到达了蓝色珊瑚礁潟湖的时候，眼前豁然开朗，这里是同佛罗里达、墨西哥一样知名的洞穴潜水者新的潜水圣地。

4. 参观斐济村落

大多数度假村都会提供给客人参观村落的机会，这项活动是为您安排简单的拜访村庄，环村游览，其中包含卡瓦酒仪式、传统舞蹈表演，通常还会带您到纪念品市场逛一逛。

5. 在Sawa-i-Lau石窟发现远古的秘密

这里是亚萨瓦最值得参观的景点。Sawa-i-Lau岛是一座石灰石岛，有大量圆顶形的洞穴，大约有15米长，位于海水表面之上。石灰石岩壁上有洞穴、绘画和意义不明的石刻文字。类似的碑文可以在瓦努来雾岛Tunuloa半岛的Dakunibau村发现。喜欢冒险的客人还可躲进黑暗但通风的山洞中潜水游出50米。

6. 钓上一条蓝鳍金枪鱼

一些度假村提供海钓航行之旅，通常是手持鱼竿的钓鱼活动，其他的地方还提供游戏和海滩钓鱼之旅，捕捞像金枪鱼、箭鱼、旗鱼等深海鱼类。

7. 划着独木舟探险

在亚萨瓦群岛，当地人用一种单根树干挖成小舟。独木舟的优点在于其是由一根树干制成，制作简单，不易有漏水，散架的风险。它可以说是斐济部落最古老的交通工具之一。独木舟之旅是当地旅游公司的一个项目，是每年5月的季节性之旅。独木舟皮艇每10人一个小组，有露营装备，安全设备和玻璃纤维皮艇，沿途参观当地村庄，浮潜、膳食都包括在旅行的总费用之中。

8. 搭乘蓝色珊瑚礁（Blue Lagoon Cruises）寻找未知的岛屿

精品小型游艇巡游，路线包括3天/ 2夜斐济群岛巡游；4天/ 3夜斐济群岛巡游；4天/ 3夜斐济群岛豪华巡游；7天/ 6夜斐济群岛豪华巡游；7天/ 6夜的历史和文化巡游。每天早上醒来这里都是一个美丽的新天堂。巡游邮轮在绿松石般的大海上航行。棕榈摇曳的岛屿和岛上的各种活动，让你无比享受。

地址：183 Vitogo Parade

电话：（679）666 1622/（679）992 3454

传真：（679）666 4098

www.bluelagooncruises.com

● 亚萨瓦群岛风光

● 与蝠鲼共舞

9. 到纳维蒂岛与蝠鲼（Manta rays）共舞

亚萨瓦群岛纳维蒂岛近海的浮潜非常值得一去，有大量的海上独木舟供客人使用。如果你不想在海滩上休闲放松，你可以登上山顶俯瞰整个度假村，你会发现亚萨瓦群岛惊人的美丽。登山最好安排在清晨或傍晚，因为没有树，无法遮阳。一条小路将带你沿着纳维蒂山峰的侧翼顺势而上。这条小路一直通向岛屿南部的观光露台，在里面你可以俯瞰到经常出现蝠鲼的珊瑚礁潟湖，景色非常壮丽。对于喜欢冒险的人，可以从另一边走下去，那里将到达一个叫Soso的小渔村。

10. 跟着库克船长（Captaincook Cruises）发现斐济

库克船长巡游（Captaincook Cruises）是南半球最好的巡游船队。库克船长巡游，运营着16艘豪华的高速游艇，雇佣了超过500名船员，是澳洲甚至南太平洋上首屈一指的小型游船公司。游客可乘坐邮轮了解真正的斐济群岛。独特的海景，如人间天堂般的美妙。三小时的南太平洋巡游，享受日落晚餐，观看斐济传统表演。北部斐济巡游AU$1995；3晚斐济巡游AU$900；4晚AU$1200，7晚AU$1995。

地址：Narewa路15号

电话：（679）670 1823

传真：（679）670 2045

www.captaincook.com.fj

E-mail: nadi@captaincook.com.fj

Top 10 亚萨瓦群岛群岛最佳度假村指南

1，　Botaira Beach Resort，度假村在纳维蒂岛中间最好的位置，拥有一个美丽的白色沙滩、可以游泳的礁湖、宽敞的传统海滩布瑞草屋。从蝠鲼潜水点到西海岸只需要约10分钟船程，这构成了纳维蒂岛旅游胜地的一部分。

2，　Oarsman's Bay Lodge，沿着遍布绿荫的山路，攀登到238米的Nacula岛山顶，极目远眺，在晴朗的日子里，你可以看到绵延至远方的亚萨瓦群岛岛链。

3，　Kuata Island Nature Resort，纳马拉村村民于2001年建成第一个旅游项目：夸塔岛自然度假村。从这里你可以去西海岸的潜点（Kuata Wall）潜水，然而，该地区最好的潜水点是位于东海岸的白色岩石，客人必须花费30分钟乘船出海才能到达。在这里您可以找到漂亮的珊瑚，大量的海洋生物，并有机会遇到礁鲨！

4，　Nanuya Island Resort，美丽的Nanuya岛度假村，这家精品酒店方便你俯瞰美丽的白色沙滩和浅绿色的瀉湖。

5，　Turtle Island Resort，龟岛度假村掩映在沙滩和崎岖的火山峭壁之间，不太容易被发现。小岛上只有14间奢华的斐济传统草屋别墅和14个私人的海滩，这里从不缺少超级富豪或名人一类的客人。

● Nanuya岛度假村

● 珊瑚海滩度假村

6， Yasawa Island Resort & Spa，位于亚萨瓦群岛的最北端。游人可以在西海岸陡峭的悬崖上欣赏日落，乘坐轻型飞机俯瞰群岛，潜水、越野、狩猎，以及品尝来自潟湖丰盛的海鲜。

7， Coral Beach Resort，Tavewa岛没有村庄，西海岸与Matacawalevu相似，崎岖不平，无法到访。珊瑚海滩度假村（Coral Beach Resort）沿着东海滩建造。这个名称来自于附近的一个神奇珊瑚礁潜水点，如果您前往更远一些的海域，将有机会看到礁鲨。

8， Bayside Resort，幽静的海滩周围是安静的海滨度假村，这里只有两个茅草屋，但是却横跨海湾和丘陵，因此景色绝佳。由向导带领您徒步沿着山路爬到最高的510米处，你就可以俯瞰山脚下的纳泰瓦村，眺望亚萨瓦群岛的东海岸和西海岸。陡峭的山脊，蔚蓝的海湾，翠绿的岛屿，壮观的海岸线与连绵起伏的山麓浑然一体。

9， Wayalailai Ecoheaven Resort，80米的珊瑚礁潟湖与瓦亚岛相连。当退潮时，你可以从Wayasewa岛步行前往瓦亚岛。随着涨潮的来临，这里又变成了两个不同的岛屿。

10，Otto & Fanny's Place，最好的沙滩在背包客客栈南端，这里适合精打细算的旅客。Savutu 潜点是很好的游泳和潜水目的地，对于钓鱼爱好者，靠近珊瑚礁的海岸一定让你满载而归。.

塔韦乌尼岛
Taveuni Island

塔韦乌尼岛
Taveuni Island

概况

塔韦乌尼岛通常被称为“花园岛”，这里有着令人叹为观止的自然景色。遍布椰林的海岸，以及海底无数色彩斑斓的软珊瑚，使得这里成为出色的生态旅游目的地。塔韦乌尼岛是斐济的第三大岛屿，面积为435平方公里，长42公里，宽10公里。什么是塔韦乌尼岛最独特的风景呢，美在这里到处都能看到，你无法给它明确的定义。世界级的潜水点，惊险的热带雨林，澎湃的山涧瀑布，美丽的洁白海滩和出色的海洋生态景观，这一切都使塔韦乌尼岛成为最值得游人探索的花园岛屿。

塔韦乌尼岛位于瓦努来雾岛东南9公里处的一个火山岛，包含整个索莫索莫海峡，因此这里的土壤是令人难以置信的肥沃，再加上雨量丰富，海岛内陆到处都是一片郁郁葱葱的景象。当地居民主要是土著斐济人。塔韦乌尼岛没有真正的城市中心，相反，你会发现在群山的掩映下有许多小村庄，村民散居在各地。索莫索莫村是岛内最大的村庄，也是该地区的行政中心。

在塔韦乌尼岛上你还会发现斐济最高峰，高达1196米的德辅山。在山麓间有很多本地的植物和动物，在这里你能发现罕见的Tagimaucia花，斐济蝙蝠、库拉鹦鹉和野生鸽子。塔韦乌尼岛森林保护区位于岛屿中心，而Ravilevu自然保护区位于东海岸。Tagimaucia湖也许是这里最有名的旅游景点，而参观布马瀑布，需要你攀爬过一段泥泞的山路。

如果你是一个潜水爱好者，彩虹礁（the Rainbow Reef）和武纳礁（Vuna Reef）是整个东部岛群最著名的潜水和浮潜地点。这里的海洋生物种类繁多，你可以找到丰富多彩的珊瑚品种。查尔斯王子海滩（Prince Charles Beach）和拉维纳海滩（Lavena）是塔韦乌尼岛上最漂亮的2个海滩，与其他3个小岛Matagi岛，Laucala岛和Qamea岛的一些优美的沙滩，构成了沿海岛屿链，但这并不是天堂后花园塔韦乌尼岛的全部。

● 椰林海岸

● 塔韦乌尼岛风光

交通

塔韦乌尼岛正迅速成为一个新的旅游天堂。这里是那些想要探索大自然和享受绿色环保生活人士的理想选择，塔韦乌尼岛的未来真是一片光明。

乘飞机——在塔韦乌尼岛空中俯瞰整个珊瑚礁

当你从苏瓦和楠迪飞往塔韦乌尼岛的时候，最令人吃惊的是可以在空中俯瞰整个珊瑚礁，无论乘坐太阳航空（Pacific Sun）还是从苏瓦搭乘斐济航空（Air Fiji），只需要花费100多斐币，就能领略到如此的美景，这也许是世界上最物有所值的空中飞行了。

● Pacific Sun

空中游览斐济群岛的最佳方式，其中国内航线包括瑙苏里、楠迪、拉巴萨、萨武萨武、塔韦乌尼岛、坎达武、马楼楼赖赖（Malololailai）等地。

地址：楠迪国际机场PO Box 9270，斐济

电话：（679）672 3555

www.pacificsun.com.fj

E-mail: enquiries@pacificsun.com.fj

乘船——价格不高

如果您预算有限，乘船旅行也可以到这里，并且价格不高。另一个前往塔韦乌尼岛的常用方式是搭乘渡轮从萨武萨武的布察湾或瓦努来雾岛前往该地。格雷斯渡轮（Grace Ferry）提供从萨武萨武到塔韦乌尼岛的定期渡轮服务。

巴士——慢，但便宜

岛上交通，最便宜的方式是乘坐公共汽车，这也使得你有机会与当地人打成一片。唯一的缺点是，他们没有固定的时间。

出租车——包车最合算

出租车是一个在塔韦乌尼岛最值得推荐的交通方式，价格一般人也承受的起。你可以花费不到100美元包一整天的出租车。

租车——尝试一下越野车

如果你喜欢，还可以租一辆汽车或四轮驱动越野车，自己开车四处逛逛。在码头（Naqara），预算租车公司（Budget Rent）营业时间为上午8时至下午5时，周一至周五营业。

● 武纳礁

旅游全攻略

塔韦乌尼岛南部旅游全攻略

塔韦乌尼岛南部最有名的是浮潜和潜水，这里最著名的潜水点是武纳礁（Vuna Reef）。武纳礁到处充满着令人眼花缭乱的热带鱼和经过岁月洗涤，仍然茁壮生长的软珊瑚。当你潜水的时候，你会发现成群的梭子鱼组成了一个海水管道，你可以游过去，这让人想起了最著名的影片《BIG BLUE》中的情景。如果你幸运的话，你甚至会面对领航鲸。理想的潜水条件，使得全年大部分时间在武纳礁潜水都是一次真正的冒险。你还会发现马里鳗鱼、充满活力的软珊瑚、硬珊瑚、狮子鱼等热带海洋生物，其实这里已经是世界潜水的标志性景点了。

另一个塔韦乌尼岛南部旅游胜地是古代战士墓穴石窟，这里是塔韦乌尼岛的遗产。古代这里是当地部落战士隐藏的墓地，目的是使敌人并不知道他们已经死亡，这个洞穴绝对值得您一探究竟。Vatuwiri农场是另外一个好去处，这里是塔韦乌尼岛最大的农场之一。今天，该农场有一些有趣的古老石头建筑等待着你去解开谜底，你还可以和当地人一起收获椰子。

一个非常具有吸引力的景点是南部的彩虹岩。这里具有非常出色的视觉效果，当汹涌的海浪冲击着火山岩的时候，飞溅起来的水花会在空中行成美丽的彩虹，最佳的观赏时间是午后退潮时。

塔韦乌尼岛似乎是斐济群岛中比较偏僻的地方，其实这里有不少好地方。掩映在美丽的花园岛屿之中的是寂静的度假村，这里到处显现着悠闲的氛围。塔韦乌尼岛的遗产是岛屿南部的展示部分，这里不仅仅是古代斐济民族彪悍勇敢精神的体现，更是现代简洁、自然、绿色生态旅游的展示。你会发现掩映在鸡蛋花中的蔚蓝色游泳池，葱绿的高尔夫球场和网球场。

塔韦乌尼岛也有一些质优价廉的住宿地如海豚湾潜水度假村（The Dolphin Bay Divers），这里有宿舍式的房间以及私人出租的平房别墅，给你一种独特的体验。

■ 塔韦乌尼岛饮食

• Coconut Grove Restaurant

国际性餐食，是美国人Ronna Goldstein经营的小店。她提供早餐（其中香蕉、椰子、木瓜面包非常的美味）以及午饭套餐，色拉、汤、汉堡和三明治。晚餐提供本地的海鲜菜肴、美味的泰式菜肴、温和的斐济咖喱和自制意大利面食。每周六晚还有特色自助餐和斐济音乐家的演出。营业时间：每天8am-5pm和6pm-9pm；午餐和晚餐强烈建议提前预订。价格：主菜 F$14-F$25；接受信用卡MC, V。

地点：Matei，机场对面。

电话：（679）888 0328。

• Tramontu Bar & Grill

区域性美食。在这个露天斐济餐厅可以俯瞰Somosomo海峡，是您在炎热的夏季里来杯冷饮、享受海风的好去处。餐厅提供咖喱烤牛排以及鸡肉炒菜，如果您喜欢海鲜，这里也有新鲜的龙虾和鱼。营业时间：周二到周四11am-2pm和6pm-9:30pm；周五至周日10am-10pm；酒吧每天11am-10pm。价格午餐F$15；比萨F$20-F$30；主菜F$10-F$30。

地点：Matei，south of airstrip，Around Town

电话：（679）888 2224；

• Vunibokoi Restaurant

区域性美食，餐厅位于Tovu Tovu度假村主屋内。这家普通但却很让人愉悦的餐厅提供早餐、午餐和晚餐，斐济家常菜、印度和西方美食。Vunibokoi的周五晚斐济Lovo自助餐是非常棒的，不要错过。营业时间：每天8am-2pm and 6-9pm；建议提前预订。价格：主食F$15-F$20，可使用信用卡MC\V。

地点：位于Matei，Tovu Tovu度假村

电话：（679）888 0560

• 塔韦乌尼岛美食

● 瓦伊耶沃

瓦伊耶沃（Waiyevo），索莫索莫（Somosomo）和周边地区旅游全攻略

塔韦乌尼岛没有大城镇，都是些小村庄。作为岛民的聚居地，索莫索莫是岛内最大的村庄，瓦伊耶沃是其行政首都，但是村长在索莫索莫，你还可以在这里找到牧师。当你走过索莫索莫，你将会来到Naqara，在这里你能购物，并找到银行、超市、巴士站及一些经济型酒店，这里设施完备。Naqara距离瓦伊耶沃很近，有警察局和医院，以及一些价格合理的饭店。从瓦伊耶沃向前约2公里就是Wairiki村，这里有一个商店和电影院，在那里你可以参观Wairiki天主教堂。

塔韦乌尼岛独特的旅游景点就是国际日期变更线，正是它使你在岛上的时间缩短或延长了整整一天。如果你步行10分钟到瓦伊耶沃南部，你会碰到一个红色的小灯塔，这标志着此位置正好经过国际日界线。附近的另一个流行项目是Waitavala滑水，滑水自然不是一件轻松的事情。下面将给你介绍其他景点，Wairiki的天主教堂绝对值得一游。教堂由法国传教士建于1907年，从这个宏伟的钟楼上可以俯瞰索莫索莫海峡，教堂里有一些令人印象深刻的彩色玻璃画，都是讲述耶稣受难的圣经故事。从Wairiki，您也可以轻松地攀登到德辅山顶，1195米高，这并不是一件容易的事情，但您会得到绝对值得的回报，周边的美景让人流连忘返。当您在索莫索莫对面的Tagimaucia湖游览的时候，你一定会感慨湖水的清澈，实际上这里以前是喷发的火山口。作为火山湖，周围的植被生长茂盛，其中包括斐济的国花，罕见的Tagimaucia花，你可以在湖边发现很多。不要忘记了，在美国影片《狂蟒之灾》中，剧中人想寻找的或许正是这些诡异的花朵。

■ 塔韦乌尼岛南部住宿

● Dolphin Bay Divers Retreat

● Garden Island Resort

总共30间房。海景房F$254起。共有28间带空调、大床或两张双人床的房间，每栋房子的内部连通，方便家庭度假。从池畔可以远眺瓦努来雾岛的美丽风景，特别是在日落时分。享受小科罗莱武岛（Korolevu）的白色沙滩，乘船10分钟可到达度假村。所有的潜水活动均在彩虹礁距度假村仅10分钟的路程内。这里是塔韦乌尼岛最值得推荐的度假村之一。

地址：P.O. Box 1, Waiyevo, Taveuni, 斐济岛

电话：（679）888 0286

传真：（679）888 0288

www.gardenislandresort.com/

www.aquatrek.com

E-mail: info@gardenislandresort.com

● Dolphin Bay Divers Retreat

没有公路、没有车辆、没有舞厅、没有装饰，然而却有浮潜、游泳、远足以及忽然看到的美丽的珊瑚礁，这里是斐济顶级潜水地，距离著名潜水点彩虹礁石仅几分钟的路程。海豚湾潜水的所有住宿地点都接近海滩。住宿类型有2间传统斐济平房草屋（带有私人设施）或者旅行帐篷（带有私人设施或共享设施）。传统草屋是由当地的竹子和硬木搭建而成。房间内有舒适的双人床（内部弹簧床垫），隔蚊帘以及太阳能灯。旅行帐篷容量很大、有蚊帘、弹簧双人床、单人床床垫、一个太阳能灯。每间帐篷有2间淋浴和2间卫生间可使用。这里并没有真正的宿舍，但带有单人床或双人床的帐篷就是宿舍，这对于低预算的旅客来说再完美不过了。草屋F$80/晚；丛林帐篷F$ 45。

地址：Waiyevo, Taveuni, 斐济群岛

电话：（679）828 3001/（679）992 4001

www.dolphinbaydivers.com

E-mail:info@dolphinbaydivers.com

● Nakia Resort & Dive

温馨的家庭经营式旅店，Nakia是塔韦乌尼岛唯一的生态旅游胜地。标准茅草屋 US$235；家庭草屋US$355。所有草屋可俯瞰海峡和彩虹礁。每间草屋都是开放式设计，带有高顶吊扇，瓷砖地板，舒适的当地家具、床垫、茶几、椅子、衣柜。空间充足，还有冰箱，装饰地毯，布料，木雕等。另外还有单独的餐厅和酒吧。作为一个生态度假村，Nakia提供一个舒适轻松的环境，使用的是可持续再生能源，如太阳能、风、水。该度假村的水源自泉水，新鲜的有机水果，蔬菜，药材，花卉都出自种植园。这种可持续的功能组合构成了独一无二的生态度假胜地。

地址：Nakia Resort & DivePO Box 204Waiyevo, Taveuni

电话：（679）888 1111

传真：（679）888 1333.

www.nakiafiji.com

E-mail:info@nakiafiji.com

● Makaira-by-the-Sea

马林草屋US$141，大草屋US$194。马林靠海提供两间木制屋舍，位于小山顶，可以俯瞰海峡。屋舍拥有瓷砖主卧区和休息区，抛光的木制地板。在种植园风格的花园中可以看到海洋和沙滩的全景，还可以进行放松和按摩水疗。在通往主路的一条小路中穿越令人愉悦的白沙滩回到古老的热带树林，可以在礁湖中进行浮潜。度假村的主人是来自夏威夷的钓鱼专家。每周二晚有海鲜晚宴自助和波利尼西亚舞蹈表演。

地址：Ucuilagi, Taveuni

电话：（679）888 0689/（679）888 0680

www.fijibeachfrontatmakaira.com/

E-mail: makaira@connect.com.fj

塔韦乌尼岛北部和马太（Matei）旅游全攻略

马太地区主要包括近在咫尺的机场。塔韦乌尼岛北部主要是外籍人士的住宅区。马太是本岛的主要小城镇，这里有酒店、潜水店和一些不错的餐厅。超市也可以在这里找到，瑞士潜水（Swiss Fiji Divers），提供按小时收费的因特网服务。比华利海滩（The Beverly Beach），查尔斯王子海滩（Prince Charles Beach）在这里提供了一些很好的浮潜机会。如果你想找个好地方饕餮一番，比萨岛是个好去处。这里的比萨价格合理，可上门服务。对于美味佳肴，Maravu种植园度假村的餐厅也不错。椰子戈夫咖啡厅（The Coconut Gove Café）也是一个难得的地方，会带你度过一个愉快的夜晚。

■ 马太（Matei）的住宿

从马太，您还可以探访3个外岛Qamea岛，Laucala岛和Matangi岛，这些都是位于塔韦乌尼岛东北部近海的岛屿。Qamea岛和Laucala岛同在一个潟湖，而Matangi岛也在附近。Matangi岛和Laucala岛都是私有的岛屿，他们是适合家庭度假的豪华度假胜地，美丽的白色沙滩正在其间。

● 马太机场及附近风光

Laucala岛是已故美国亿万富翁马尔科姆福布斯的私人财产。马尔科姆福布斯（1919年8月19日- 1990年2月24日）出版了福布斯杂志，今天运行福布斯杂志的是他的儿子史蒂夫福布斯。没想到，斐济这个偏僻的小岛居然是那么多世界级的亿万富豪隐居地。

Qamea岛是三个岛屿中最大的一个，美丽的Qamea海滩俱乐部是一个世界级顶尖的海滩度假胜地。

• Qamea Resort and Spa

Qamea的11间地道的海滨草屋都是茅草屋顶，设计建造富有斐济传统风格，拥有20英尺高的天花板以及手工抛光红木硬木地板。除了11间海滨草屋，还有一间1200平方英尺的蜜月别墅，其室外庭院配备了一个淋浴和按摩SPA浴缸。Qamea度假村的两个新建蜜月草屋是专为寻求更豪华和浪漫的客人而准备的。Qamea的潟湖和白色沙滩有800多平方英尺，可以看到最美的风景。两个高级别墅坐落在白色沙滩的尽头，带私人泳池的海滩，面积将近1700平方米。度假村的前身是业主的私人住宅，最近完成了别墅的全面翻修，并推出高级双卧室别墅出租，这非常适合新婚夫妇。

地址：Qamea, Taveuni
电话：（679）888 0220
传真：（679）888 0092
www.qamea.com

• Matangi Private Island Resort

共14间茅草屋，房间US$717起。所有费用都包括餐饮和小吃。树屋茅草屋有特大号床、长靠椅、茶及咖啡、户外岩石淋浴、一大型按摩浴缸、甲板酒吧、大浴室、休息室以及单独的卧室。私人阳台可俯瞰海滩。玛塔基岛度假村是新人蜜月和婚礼的理想选择。该度假村提供了全面的婚礼套餐，内有详细的规定。美丽的婚礼地点包括海滨或悬崖顶，提供婚纱摄影，另外还包括潜水活动。

地址：Matangi Island
电话：（679）888 0260
传真：（679）888 0274
www.matangiisland.com/
Email: info@matangiisland.com

• AquaClub Beach Retreat

这是一家小型的精品度假村，提供了各种活动，短期内能够为客人提供一个完全独特的奢华住宿体验。海滩漫步、游泳、潜水、浮潜等活动任你选择。另外还提供自然健康的水疗。帐篷别墅每人F$275起。

地址：Qamea岛
电话：（679）888 0776
传真：（679）888 0776
www.aquaclubfiji.com
E-mail: beachretreat@aquaclubfiji.com

• Qamea Resort and Spa

如果您有更多的预算和空闲时间，有4家度假村可供你留宿。伊甸园（The Garden of Eden）还有一个华丽的别墅可以出租。

● Taveuni Palms Resort

塔韦乌尼岛棕榈树度假村是世界上最豪华的住宿地之一。这里是完美的蜜月、婚礼度假胜地。每间奢华的别墅位于绝对私密的海滨前，拥有私人泳池、沙滩以及7名私人服务人员，另提供精美的食品和葡萄酒。塔韦乌尼岛棕榈树度假村提供您一生中终极奢华的体验。塔韦乌尼岛棕榈被福布斯评为"世界上最豪华的蜜月目的地之一"。未受破坏的金色沙滩，温暖的绿松石般的大海，世界一流的潜水和浮潜，鸡尾酒，水疗，五星级美食和服务都是这里的特色。F$1195起。

地址：PO Box 51, Matei, Taveuni

电话：（679）888 0032

传真：（679）888 2445

www.taveunipalmsfiji.com

E-mail: info@taveunipalms.com

● Taveuni Island Resort

塔韦乌尼岛度假村位于塔韦乌尼岛，是世界顶级精品度假村，提供奢华享受。这里拥有12间豪华海景草屋和一个专用海滨别墅，从这里可看到索莫索莫海峡的壮观美景。奢华的草屋100平米，由当地木材构建而成。建筑四周为落地窗。开放设计的草屋和休闲室均通向宽敞的户外生活区，可俯瞰大海和周围岛屿。热带装潢、凉爽的瓷砖、当地插花、水彩绘画，另外还有特大号床和私人户外淋浴设施。度假村还提供私人度假别墅，别墅中带私人泳池、瀑布、私人厨师和工作人员，还可以选择自己喜欢的管家。这里提供全面的别墅服务，含酒类饮料。奢华海滨草屋F$415起。

地址：P.A. Box 3, Matei塔韦乌尼

电话：（679）888 0441

传真：（679）888 0466

www.taveuniislandresort.com/

E-mail:enquiries@taveunibookings.com

● Taveuni Island Resort

● 沿海风景

• Matei Pointe Villa and Bures

马太皮特尔别墅拥有一间美妙的三卧室房屋，设施齐全。有宽大，舒适的主房，“海滩之家”是三个舒适，设备齐全的草屋别墅，勾画了塔韦乌尼岛马太镇的全景。这四个传统小屋，私密，安静并且彼此距离不远，均可欣赏到美丽的索莫索莫海峡美景。海滨房$1700/周，$265/天（最少入住3天），$6000/月。日落草屋$995/周，$160/天。索莫索莫草屋$895/周，$150/天。

地址：Matei Pointe, Taveuni

电话：（679）888 0422

传真：（679）888 0422

www.fijilodging.com

• Little Dolphin Treehouse

只提供一对夫妇的住宿。坐落于悬崖之上，180度视角观赏查尔斯王子海滩和大海。松木建造的大房子内有大号床、厨房、阳台以及室外和室内淋浴。Tramontu Bar & Grill就在路的对面。住宿费用F$125到F$165。长期居住将会有更大的折扣，不接受信用卡的使用。

地址：Matei.Taveuni

电话：（679）888 0130

传真：（679）888 0130

www.littledolphinontaveuni.com

● Karin's Garden

● Karin's Garden

海边别墅，宽敞的热带花园，接近白沙湾。悬崖上可观看南太平洋日落。舒适的平房小屋，完美的设计，适合家庭或4人居住。房子内有两间卧室，一个带有双人床，另一个带有两张单人床。所有房间都带有套间浴室，宽敞的热水淋浴。3扇大窗子提供了良好的通风，另外每间屋子内还有吊扇。大生活区位于中心部分，有自助厨房、冰箱和两个煤气炉。如果您没有心情自己做饭，度假村也可以提供给您优秀的菜品。日落时分，您可以在私人阳台上或者是悬崖边享受浪漫的烛光晚餐。菜品以欧洲和太平洋烹饪为主。平房双人每晚US＄145。

地址：Matei
电话：（679）888 0 511
传真：（679）888 0 511
www.karinsgardenfiji.com
E-mail:karinsgarden@connect.com.fj

● Coconut Grove Beachfront Cottages

这是一个小型隐秘的度假村，位于海滩上。2008年斐济的最新13个最浪漫的度假胜地之一。整个度假村被芒果树和椰子树环抱，三间房间保证游人享受绝对的私人度假。有着令人难以置信的潜水和浮潜地点，这里还有热情的工作人员和南太平洋的日出，足够让你屏息凝神。这里是塔韦乌尼岛最神奇的地方之一。餐厅提供海鲜、自种水果，以及家常匹萨，还有来自新西兰的牛肉。住宿包含香蕉草屋两人每晚US$225、芒果草屋两人每晚US$225、木瓜草屋两人每晚US$175。

地址：P.O. Box 9 matei
电话：（679）888 0328
传真：（678）888 2328
www.coconutgrovefiji.com

塔韦乌尼岛东部旅游全攻略

塔韦乌尼岛东部覆盖着茂密的热带雨林，适合于任何性质的旅游爱好者。鲍马国家遗产公园和Waitabu海洋公园坐落在一起。塔韦乌尼岛有一些优秀的步行栈道，您还可以访问5公里之外的拉维纳海滨。

在塔韦乌尼岛东部从拉维纳你可以沿着海岸步行，你将发现美丽的Wainibau瀑布。这里的沿途有一些美丽的景色。对于那些喜欢户外探险的游客来说，这里还有一些很优秀的游泳和潜水地点。如果你喜欢，你也可以尝试海上皮划艇或者沿着拉维纳海滨漫步。

鲍马国家遗产保护公园的面积相当于塔韦乌尼岛的80%，并且有几个自然的远足跋涉路径。在这个公园里，还能看到可爱的Tavoro瀑布，这里是一个漂亮的野餐区，并提供了一些天然的泳池，对于热衷远足的旅行者来说，Vidawa雨林是一个观赏鸟类的绝佳去处。

塔韦乌尼岛东部的Waitabu海洋公园浮潜是一个不错的体验。自1998年开业来，这个公园提供了一个系列的半日游产品，包括与Waitabu村的当地人参加一些具有地方色彩的传统文化活动。

塔韦乌尼岛东部住宿

• Vuna Lagoon Lodge

美丽、宁静以及悠远的海边宾馆位于Vuna村附近。宾馆距离海滩仅50米，可以欣赏到这里美丽的景色，可以游泳、垂钓以及浮潜。小屋的经营者名为Adi Salote Samanunu，是地道的斐济本土人。6间房屋包括宿舍、单人房、双人房或家庭房。所有房间都非常舒适整洁。您在这里将会感受到更加传统的斐济热情。小屋还带有完备的厨房设施，可以自炊。双人房F$65，单人房F$48，宿舍床位F$22。

地址：塔韦乌尼岛

电话：（679）888 0627

www.taveuni.com.au/services/accommodation/vuna_lodge.htm

• Vuna Lagoon Lodge

● Sega Na Lega Place

酒店也叫Chottus Motel，位于花园岛塔韦乌尼岛中心，距离岛上旅游目的地、餐厅、银行、购物中心很近。这里拥有6间全装房间和4间低预算房。所有房间干净舒适，价格合理。房间内提供电话、卫星电视、互联网和每日客房服务，这附近有不错的印度咖喱餐厅，设施齐全的厨房可以供您自己做饭。活动有独木舟、浮潜、钓鱼、潜水、钓鱼、观鸟和岛屿旅游，徒步旅行到Tagimocia湖。房间价格F$36 - F$70。

地址：塔韦乌尼岛索莫索莫
电话：（679）888 0233
传真：（679）888 1044
www.puretaveuni.com/resort/sega-na-lega-place.html?Itemid=138
E-mail: chottus@connect.com.fj

● First Light Inn

地处宁静之地，有友好的员工，提供便宜舒适的住宿。客栈内有酒吧和会议设施。10间海景全空调豪华房，10间风扇整装房，所有房间内带有TV、IDD电话、茶和咖啡用具以及冰箱。房间价格空调房F$78，风扇房F$66。

地址：斐济塔韦乌尼岛
电话：（679）888 0339
传真：（679）888 0387
E-mail：firstlight@connect.com.fj

● 塔韦乌尼岛东部海岸

Top 10 塔韦乌尼岛四处游览

寻找一个热带岛屿天堂，然后到塔韦乌尼岛来一个隐居的假期。无论是翠绿茂密的森林，还是奇花异草的山野，这里充满了原始的自然景观。在塔韦乌尼岛你既可以保持平静的生活，也能一天到晚忙个不停。

1．看世界上最早的日出

2000年，在世界迎来新世纪的时候，斐济有个地方从此出名，那就是塔韦乌尼岛独特的旅游景点——国际日期变更线，因为这个缘故你在岛上的时间缩短或延长了整整一天。

2．不可不去的浮潜

浮潜是最受欢迎的活动之一。在索莫索莫海峡之间，塔韦乌尼岛聚集了大量的鱼类和海洋生物。这里的每一个潜水点里往往都有美丽的珊瑚和多种热带鱼，如果你幸运的话，你甚至还有机会看到一头伟岸的领航鲸。

3．到世界三大潜水点之一寻找自我

这里最有名的潜水点是大白墙（Great White Wall），彩虹礁（The Rainbow Reef），椰菜（Cabbage Patch），礁石（The Ledge），黄洞（Yellow Grotto），动物园（The Zoo），蓝带鳗鲡礁（Blue Ribbon Eel Reef），叠翠轩（The Pinnacle），武纳礁（Vuna Reef）和安妮（Annie′s Bommie）。这里全年潜水条件近乎完美。澳洲大堡礁，埃及红海，与塔韦乌尼岛才是一个真正潜水人的终极目标。

4. 寻找《狂蟒之灾》中诡异的花朵

当您在塔韦乌尼岛的Tagimaucia湖游览的时候，一定会感慨湖水的清澈。实际上这里以前是喷发的火山口，作为火山湖，周围的植被生长茂盛，其中包括斐济的国花— Tagimaucia花。在美国影片《狂蟒之灾》中，剧中人想寻找的或许这是这些诡异的花朵。

5. 在塔韦乌尼岛空中俯瞰整个珊瑚礁

空中游览斐济群岛的最佳方式，就是从苏瓦和楠迪飞往塔韦乌尼岛的旅游途中，在空中俯瞰整个珊瑚礁，这种景象只有在澳洲大堡礁乘坐水上飞机并花费几百澳元，飞行1个小时以上才能看到。这也许是世界上最物有所值的空中飞行了。

6. Wairiki的天主教堂一游

给你一些难忘的瞬间，Wairiki的天主教堂绝对值得一游，教堂由法国传教士修建于1907年，这个宏伟的钟楼可以俯瞰索莫索莫海峡，教堂里有一些令人印象深刻的彩色玻璃画，都是介绍耶稣受难的圣经故事。

7. 徒步旅行

远足是另一个塔韦乌尼岛流行的活动，便于徒步登山的栈道遍布整个岛屿。在拉维纳海滨漫步，探访Tavoro瀑布。对于那些热衷徒步探险的旅行者来说，在Vidawa森林的长途跋涉，到Tagimaucia湖的远足和攀登最高山峰——德辅峰，都是那么振奋人心。

8. 发现一只翠鸟

塔韦乌尼岛也是斐济一个很棒的观鸟的地方。在塔韦乌尼岛有超过100种鸟类，您可以捕获一些罕见的橙色鸽子、库拉鹦鹉，斐济苍鹰，蜜雀以及翠鸟。

9. 古墓石窟探秘

塔韦乌尼岛南部旅游胜地是古代战士墓穴石窟。古代这里是当地部落战士隐藏的墓地，使敌人并不知道他们已经死亡，这个洞穴绝对值得一看。

10. 在空无一人的海滩上漫步

查尔斯王子海滩（Prince Charles Beach）和拉维纳海滩（Lavena）是塔韦乌尼岛上最漂亮的两个海滩。其他三个小岛Matagi岛，Laucala岛和Qamea岛也有一些优美的沙滩，这些美景并不是天堂后花园塔韦乌尼岛的全部。

● 查尔斯王子海滩

洛迈维蒂群岛
Lomaiviti Group Islands

洛迈维蒂群岛

Lomaiviti Group Islands

概况

洛迈维蒂群岛在维提岛海岸以东，具有一派田园风光，显得格外悠闲和宁静。洛迈维蒂群岛是由9个主要岛屿以及一些较小的岛屿组成的，占地411平方公里。洛迈维蒂群岛以其丰富的历史，优美的水底世界和风景如画的原住民村庄而闻名。

自首都苏瓦仅仅需要15分钟的飞行就到了洛迈维蒂群岛的主岛奥瓦劳岛（Ovalau）。奥瓦劳岛主要的城市是斐济前殖民地首都列雾卡（Levuka），这里有很多的活动，绝对值得一去。洛迈维蒂群岛的其他主要岛屿包括：Koro、Gau、Wakaya、Makogai、Batiki、Moturiki、Nairai、Naigani、 Namenalala 和Yanuca Lailai。Caqelai和Leleuvia有两个小珊瑚岛在奥瓦劳以南，这里吸引了一些真正的游客和欧美名人。

是什么使洛迈维蒂群岛享有独具特色的吸引力？这里是给那些特别想远离人群，拥有自己一片天地的度假人士的美好选择。

游览洛迈维蒂群岛最好的理由之一，是因为这里有一些优秀的潜水机会。整个群岛的珊瑚礁系统分布在约400平方公里的外海之中，一些周游世界的职业潜水人喜欢到这里探索美丽的海底世界。Namenalala岛有世界上一流的潜水点和荒无人烟的海滩。

洛迈维蒂群岛中旅游发展最好的是奥瓦劳岛。在这里您可以找到大量的住宿信息、旅行社、交通设施和数目繁多的历史景点。

● 奥瓦劳岛

● 美丽的海底世界

如何前往奥瓦劳岛和列雾卡

在列雾卡休假有着梦幻般的色彩，昔日地理大发现的辉煌，带着早期殖民地的色彩，让你似乎回到了旧时代。昔日斐济首都的许多遗迹，也不会让你失望。

航空——单程飞行仅需F$55

斐济航空（Air Fiji）每天有两个航班从苏瓦直飞列雾卡，15分钟的单程旅行费用仅仅需要F$55。斐济航空（Air Fiji）从瑙苏里国际机场到列雾卡约40分钟。

乘车——从机场到列雾卡必须乘车

在奥瓦劳岛西南部新修建了可以起降飞机的简单跑道。从机场到列雾卡必须要搭乘一辆小型巴士或的士。斐济航空（Air Fiji）有专门的机场小巴士在此运营，每天从上午7点至下午4点。

乘船——渡轮往返票价22美元左右

您也可以乘船到列雾卡。帕特森兄弟（Patterson Brothers）船舶公司提供从列雾卡到苏瓦码头（Natovi）的渡轮服务，往返票价22美元左右。渡轮在每天上午4时启程，全程4小时。你也可以在Natovi码头乘船去瓦努来雾岛的巴乌（Bau）。如果你想乘坐渡轮，您需要在旅游接待处提前一天预订。

徒步——威尔鲸鱼餐厅怎能不去

游览列雾卡非常简单，你甚至可以徒步游览整个小镇。你也可以乘坐出租车到Lovoni村和鲁库鲁库（Rukuruku）。大多数出租车在海滩街对面的威尔鲸鱼餐厅（Whale′s Tale Restaurant）可以找到。

背景知识

欧洲第一个发现洛迈维蒂群岛的人是威廉姆•布莱船长。1789年，在皇家舰艇“仁爱号哗变”之后，他在去往东帝汶的途中偶然发现了该群岛。1792年，威廉姆•布莱船长再次来到这里，并完成了对该地区的考察，并于同年在伦敦出版了斐济海域测绘图，这应该是洛迈维蒂群岛最早的地图。由此你可以想象出，为什么欧美很多贵族，富豪，名人喜欢去这些偏远，不为人知的岛屿，其实他们的先人早在200年前已经来过了。

列雾卡

概况

奥瓦劳岛是一个拥有美丽景观、迷人海滩和高耸山麓的岛屿。列雾卡是斐济前殖民地首都，曾经是早期臭名昭著的捕鲸者和檀香木的贸易口岸，列雾卡今天是斐济最如诗如画的城镇之一。列雾卡位于奥瓦劳岛东海岸，依海而建，坐落在葱郁苍翠的山峦之下。这里是旅游者的家园，住宿和酒店设施齐全，丰盛的美食足以满足饥肠辘辘的游客。

今天，列雾卡再一次发展起来，城市结构体现了其殖民地历史时期的风采，这里有一些古迹、教堂和博物馆。群岛的大多数居民都住在这里，在这儿你也会发现很多斐济人和欧洲人的后裔。列雾卡的生活方式非常平缓，景色迷人，气候宜人。城镇活动中心在海滩街，里面有很多具有悠久历史的商店、银行、邮局和医院。最适合旅行者的旅行方式是徒步参观斐济博物馆、卫理公会（Navoka）、圣心教堂和皇家饭店（斐济最古老的酒店之一）。

● 列雾卡

背景知识

作为斐济一个重要的新老结合城市，列雾卡建于1800年，最早是作为檀香木的贸易港口。1830年，许多来自欧洲的交易商人开始在这个美丽的城市定居，列雾卡逐渐开始成为大洋洲和亚洲贸易运输的战略要地，各种供应商逐渐在港口聚集，中转货物。到19世纪中期，列雾卡港口的发展达到了顶峰，在此之后，这个美好的城市逐渐开始没落。在1874年，斐济成为了英国殖民地，当时的列雾卡因条件太差，于是斐济的首都迁移到了苏瓦，直到今天。

● 列雾卡教堂

旅游全攻略

在列雾卡有很多有趣的地方，小镇具有丰富多彩的历史。我们的旅行从那索若纪念馆（Nasova）开始。1874年斐济和英国在这里签署了割让斐济群岛的契约，使斐济成为了英国的殖民地，街道对面的斐济传统布瑞草屋建筑，就是省政府会议大厅。1970年，查尔斯王子参观这个地区的时候，曾把这里作为他的总部。隔壁的那索若建筑（Nasora House）是斐济群岛东部行政部门所在地。

列雾卡的南边是金枪鱼罐头厂，这是奥瓦劳岛最大的企业。它成立于1964年，在这里每年生产超过16,000吨金枪鱼罐头并出口到各个国家。当你沿着海滩街行走，于邮局你会发现一个奇特的最具本地特色的信鸽快递（Pigeon Post）。当时欧洲人利用信鸽创建了第一个两岛之间的邮政系统，使得列雾卡邮寄至苏瓦的信件可方便快捷到达。列雾卡斐济博物馆是一个给人带来惊喜的博物馆，这里有令人难以置信的历史文物和大量文件。你可以在这看到很多历史老照片。

在列雾卡有很多具有悠久历史的宗教建筑被完好保存。圣心教堂建于1858年，哥特式风格的建筑与南太平洋的景色融为一体。

卫理公会教堂是斐济最古老的教堂之一。教堂里有很多彩色玻璃窗，绘制的都是圣经故事。在城镇里，还有一个地方值得您去参观，那就是你不得不去的皇家酒店。这里是斐济最古老的酒店，修建于1903年。如果你想看到列雾卡最美的全景，去城镇北部的山顶，你要攀爬上199级台阶，在你眼前的就是带有教堂钟楼的美丽小镇和漂亮的海湾。

天黑以后，你也可以体验一下列雾卡老式的夜生活，在奥瓦劳俱乐部和列雾卡俱乐部喝一杯斐济啤酒，你还可以与当地人混在一起。列雾卡娱乐中心营业时间：自上午10时至晚上10时。

奥瓦劳岛和列雾卡周边旅游全攻略

这里悠闲和宁静，列雾卡是个具有独特魅力的美丽小镇。如果你想寻找一个安静的假期，你可以在此将自己与周围美丽的景色融为一体。如果你想在你的假期里找一些事情做，自行车和潜水是这里最受欢迎的两个活动。

你可以在城里租辆自行车，花上几个小时去探索列雾卡和周边地区。如果你出城向南行，地势相对平坦。如果你沿着北面的道路前行，乡间景色非常迷人，直到Vatukalo为止。西南部有风景秀丽的山地。这里三面青山环绕，一面临海，环抱着南太平洋。整个小城满目苍翠，空气清新，四季如春。因为地处断层地带，除临海有一片平地外，整个城市依山而建。

洛迈维蒂群岛是浮潜及潜水的理想目的地，这里有很多优秀的潜水点以及丰富的海洋生物，鳐鱼，狮子鱼，海龟，鲨鱼和锤头鲨都可以在这里看到，当你在海滩戏水时，身边是鲜艳的热带鱼。您还可以发现很多丰富多彩的软硬珊瑚。潜水旅行的费用约为F$500，而浮潜要便宜得多，为每人F$50。

对于来到奥瓦劳岛列雾卡度假的家庭来说。你还可以参观岛上雨林，一个死火山口，也可在Natokalau乡村体验小岛上的当地生活。奥瓦劳岛水上运动中心也提供了一些优秀的潜水地点。在Pescador岛的海洋公园里，经验丰富的潜水教练会带你进行刺激的海底探险，找寻海中五彩缤纷的珊瑚，甚至飞机残骸。在莫阿尔博阿尔，所有的潜水中心都能提供完善的潜水配套设备和服务，包括PADI课程，这里令潜水爱好者流连忘返的地方。

列雾卡饮食

• Kim's Paak Kum Loong Restaurant

提供中国、印度、欧洲风味的餐厅。楼上餐厅有最好的位置，可以俯瞰沙滩街。菜单包括：欧洲人喜爱的炸鱼、薯片，印度人喜爱的辣咖喱及斐济人喜爱的椰奶蒸鱼（Ika Vakalolo），还有若干中国人喜爱的菜肴包括云吞汤。大蒜煎鱼和泰国人喜爱的辛辣泰式咖喱也有提供。营业时间：周一至周六7am-2pm和6pm-9pm；周日中午：2pm和6pm-9pm。价格范围：主菜F$6.50-F$13，不接受信用卡付款。

地点：城中沙滩路

电话：（679）344 0059

• 印度菜

• Levuka Pizza & Restaurant

主要经营比萨。这儿的鱼、鸡肉或牛肉炒米饭非常地道。营业时间，周一至周六7am-2pm和6pm-9pm;周日6pm-9pm。价格：比萨饼F$8.50-F$19；三明治F$2.50-F$5。

地点：沙滩路（主码头对面）

电话：（679）344 0429

• 列雾卡比萨

● Whale's Tale Restaurant

● Whale's Tale Restaurant

一间拥挤但令人愉悦的老店，这里是列雾卡海滨路上最好的用餐地点。澳大利亚人Liza Ditrich和她的斐济合作伙伴Sai Tuibua提供不错的早午餐，包括三明治、汉堡、意大利面。到了晚上他们提供煎蛋卷、汉堡、意大利面和一些炒菜，通常还包括一些素食菜肴。营业时间：周一至周六11am-3pm和6pm-9pm。价格范围：午餐F$4-F$10；主菜F$10 ；3道菜的晚餐F$17。不接受信用卡付款。

地点：沙滩路，城中

电话：（679）344 0235

奥瓦劳岛和列雾卡的住宿

一旦你来到奥瓦劳岛的列雾卡，你就不想离开了。古朴的小镇，旧时的殖民建筑，缓慢的生活节奏，田园诗般的宁静，都将给你的心灵带来平静。列雾卡的住宿条件，有不少是宿舍式房间，家庭寄宿式房屋和度假村等等。目前，这里也有一些经济型酒店以及一些昂贵的奢华度假酒店。

在列雾卡，纳索公园旁边的皇家饭店是最好的一个住宿地点。这是斐济最古老的酒店，这里为你提供了一个独特的机会回味斐济的殖民历史。这里每间客房都不同，宿舍式的住宿地对于预算有限的背包客来说再合适不过。皇家饭店的别墅也可以租住。酒店设施包括游泳池、酒吧、台球室，这里每天还给客人放映电影。

在列雾卡也有一些新的酒店，并提供了一些美丽海滩。奥瓦劳度假村在列雾卡约3公里处，面对着一个漂亮的海湾。露营地你只要支付一点点的费用就成了，这里也有宿舍式房间。当然最舒适的是度假村的餐厅，它提供了一个令你胃口大开的新鲜海鲜菜单。奥瓦劳度假村也有旅游咨询台，要潜水和徒步旅行的客人，都能得到妥善的安排。

如果你想留在城里，玛丽假日酒店和Mavida宾馆将会为你提供舒适的住宿。这两个酒店只提供共用浴室，这里适合预算有限的客人，但是价廉物美。

洛迈维蒂群岛周边游览全攻略

凭借其隐秘和从容平和的生活节奏，在洛迈维蒂群岛度假就是一个神话般远离尘世的方式。除了到访奥瓦劳主岛，这里还有很多其他岛屿也值得一看。这些岛屿都有各自的专属度假胜地，都提供了顶尖度假体验和大量的户外活动，供游客享受。

Yanuca Lailai（努卡来来岛）

努卡来来（也称为遗失岛）是一个无人居住，72亩大的火山岩岛屿。这个石灰岩岛屿位于Ovalau 和Moturiki 之间。岛屿有一处金色沙滩，海岸边是红树林和火山岩峭壁，而内陆地区是大量的丛林。在第一次印度契约劳工来到莱昂尼达斯（Leonidas）的时候，该岛曾经被用作检疫站。岛上只有一个度假村。

Moturiki

地处奥瓦劳（Ovalau）西南的Moturiki岛是一个布满茂密丛林的热带岛屿，Moturiki属于斐济的洛迈维蒂群岛，占地10.4平方公里。这是个有人居住的岛屿，7个村落的村民散居在各处。Moturiki岛具有重大的考古价值，这里曾经发现了约3000年前的斐济原著民骨骼，它与拉皮塔（Lapita）——斐济最古老的人类骨骼遗骸发现地齐名。岛内拥有各类住宿设施，你可以在这个美丽的地方度过一个惬意的下午。

Caqelai

非常小的珊瑚岛，Caqelai岛拥有天堂般的景色，摇曳的棕榈树、白色的沙滩和湛蓝的海水。在这个田园牧歌般的室外桃园小憩几日，真是美好。你可以入住Caqelai度假村，它只提供了基本的酒店设施。一排斐济布瑞草屋位于海边，这里的工作人员非常友好。浮潜和潜水是游客最应该体验的水上活动。

● Leleuvia

● Caqalai Island Resort

宿舍房F$45/人，茅草屋F$110。住宿要么是木制宿舍床，要么是沿海滩的小茅草屋。所有住宿共享公共厕所和冷水淋浴。膳食服务在餐饮区提供，不供应酒类，所以请自备。前往Caqalai岛度假村可以从苏瓦乘坐维提沿海岸的小巴到Waidalice，再赶上上午十时的船就可以到达海岛了，或从列雾卡码头乘船30分钟后可到达。这两种路线每人的花费大约在F$30。

地址：Moturiki，洛迈维蒂
电话：（679）362 0388
传真：（679）363 1334
www.vitiwatersports.com/
E-mail: caqalai@vitiwatersports.com

● Leleuvia

Leleuvia是另一个美丽的小珊瑚岛，它提供了一些很好的潜水和浮潜地点。你可以留在Leleuvia岛度假村，享受这里的田园风情。鹦鹉螺潜水店是该地区的一个知名潜水经营者，为游客提供了洛迈维蒂群岛一些优秀的潜水旅行项目。

* Leleuvia Island Resort

位于洛迈维蒂群岛，在维提岛的东面。乘船35分钟可以到达维提岛以及其他一些地方，这里浪漫清爽，为您提供了非常隐私的体验。度假村在海滩上提供传统斐济草屋，内提供舒适的床、床单和一个梦幻的热带蚊帐。毛巾在接待台提供。住宿类型有宿舍、双人房以及可以入住5人的家庭房。所有住宿都位于岛屿的东侧，可以看到壮观的热带日出景观，阵阵凉爽的东南风袭来，非常惬意。宿舍床位每人F$50；双人草屋F$60；家庭小屋F$55。

地址：苏瓦政府大厦总部，P.O.Box 2540
电话：（679）368 0721
传真：（679）336 3316
www.leleuvia.com
E-mail:reservations@leleuvia.com

* The Wakaya Club & Spa

Wakaya（瓦卡亚）

瓦卡亚是一个私人拥有的海岛度假胜地，位于奥瓦劳以东20公里处。这个岛屿拥有美丽与迷人的海滩和考古遗址。这里的价格非常昂贵，来访的客人非富即贵，还有很多欧美名人，你需要邀请，才能允许到访。

* The Wakaya Club & Spa

位于Wakaya岛，一家私人占地2,200英亩的度假村，由被保护的珊瑚礁和岛屿上宁静的潟湖以及宏伟的峭壁和洁白的沙滩所包围。度假村有10间独立的斐济传统海滨草屋套房或草屋,包括7间私人海景草屋（US$2,400）、1间私人花园景草屋（US$1,900）和总督草屋（US $3,200）以及大使草屋（US $4,900）。每间草屋都非常奢华，位于可步行至太平洋港的地方。这里会让您沉溺于海岛的美妙，同时还提供非常舒适的环境。Vale O-US $7,600。

地址：Wakaya岛，斐济
电话：（679）344 8128
传真：（679）344 8406
www.wakaya.com

Koro（科罗）

科罗岛是一个相当大的火山岛，以科罗海的名字命名，这个火山岛的玄武岩从北到南一直延伸开来。凭借42平方公里的土地面积，它成为斐济第六大岛。你可以在郁郁葱葱的丛林中找到一些村庄，这里还有一些美丽的潜水点。雷湾，提供了很好的游泳和浮潜的机会。河湾度假村（Dere Bay Resort）和科罗海滩度假村（The Koro Beach Resort）是岛上仅有的两个酒店，均提供了一些很好的度假设施。椰干和达洛是岛上的主要出口产品，也可在岛上找到西联汇款和邮局。科罗岛拥有自己的机场，它位于东海岸，斐济航空（Air Fiji）每逢星期六有从苏瓦飞往科罗的航班。

2002年美国真人秀电视节目《同一屋檐下》是在科罗岛拍摄的，内容以5个家庭为赢得斐济的海滨别墅而开展的一系列竞赛。科罗岛还出现在2009年电视节目的“国际猎人”里。

斐济全攻略

洛迈维蒂群岛

• Dere Bay Resort

这里让您尽情享受海岛生活。3间亲密的海滨草屋，典雅、精美、私密，距离海洋仅几步之遥。倾听脚踏海滩的旋律，感受潮湿的热带微风，漫步于露天餐厅、酒吧或泳池旁。休息室中的宽敞阳台可以欣赏到日落美景，您还可以和朋友们谈论一天的奇妙经历。每间草屋可以入住4人或儿童、一张双人床和两张单人床，并配有浴室。每人每晚F$200，含一日三餐，12岁以下儿童F$100。

地址：洛迈维蒂
电话：（679）344 7202
传真：（679）334 7200
www.derebayresort.com
E-mail:korobeach@fijirealestate.com

Naigani

也称为神秘岛，Naigani距离奥瓦劳约10公里。这个岛屿也有神秘的山洞，据说在很久以前当地有村民进去后就再也没有出来。在Naigani岛度假村（Naigani Island Resort）中有17个斐济布瑞别墅迎候着宾客。

• Naigani Island Resort

在这里可以浮潜、潜水、打高尔夫、垂钓、划船或者在阳光下休息。这里是中档价格的度假村，为客人提供有价值的服务。住宿地位于美丽花园中，可以俯瞰海滩，这里有很好的隐私并带有自己的阳台。内部宽敞，有家的氛围，提供酒店式的全面服务。5间种植园房间、11间双别墅的海滨及花园别墅，可以容纳60人。每间双卧室别墅可以容纳5位客人，种植园房间可容3位客人。Rileys餐厅原是一间家园旅馆，后改建成餐厅兼酒吧，供应斐济特色佳肴、印度风味与西方美食。餐厅供应早餐、午餐与晚餐。房间价格F$1140起。

地址：洛迈维蒂群岛，Naigani岛
电话：（679）603 0613
传真：（679）603 0614
www.naiganiresort.com
E-mail:naigani@connect.com.fj

Namenalala

这里有一些迷人的海滩，Namenalala岛是家庭度假胜地，只对夫妻，情侣开放。度假村提供了一些水上和岸上的活动，大量的海滩活动设施，从帆板到皮划艇，还有惊人的开放水域的深海潜水之旅。

• Naigani Island Resort

■ 鲁库鲁库（Rukuruku，Ovalau）

这是列雾卡以北17公里的一个小村庄。鲁库鲁库是一个奇妙的地方，值得一游。克利夫顿附近的壳牌珊瑚礁，对于喜欢潜水的朋友，必须要去看看，当你驾车路过这个村子的时候，周围还有一些迷人的景致，包括一个可爱的黑沙滩，大约20分钟路程后，还有一个小瀑布，您甚至从这里可以看到Naigani岛。访问鲁库鲁库最好的理由之一，是留在鲍伯的农场。这个农场被美丽的花园环绕着，周围是郁郁葱葱的热带雨林。鲍伯的农场是一个为疲惫的旅客提供身心放松的好地方。你也可以在这里租个小屋，包括两间卧室，一个附加的厨房，您可以自己做饭。当然农场也提供早餐，午餐和晚餐，但要收取额外费用。附近有一条淡水河流，你可以在这里捕虾。在晚上，许多当地人聚集在鲍伯农场一边喝卡瓦酒，一边唱歌。鲍伯农场还组织了自己的岛屿旅游，包括安排潜水旅行，乡村参观，海钓，跳岛冒险游等项目。您需要提前预订，可以通过列雾卡的威尔鲸鱼餐厅（Whale′s Tale restaurant）预定，还包括免费的机场接送。

• Bobos Farm

坐落在奥瓦劳岛的Rukuruku河谷雨林边。在这里您可以体验到真正的斐济乡村生活，有趣的冒险以及斐济人民热情友好的欢迎。住宿方面提供2间卧室的客房并带有淋浴或浴室，起居室和厨房等设施。适合家庭。单人房F$40；双人房F$60。

地址：Levuka, Ovalau

电话：（679）362 3873

传真：（679）362 3873

www.owlfiji.com

E-mail:bobosfarm@owlfiji.com

• Bobos Farm

洛迈维蒂群岛住宿

在斐济维提岛东海岸的洛迈维蒂群岛有许多岛屿，有些相当大，但只有奥瓦劳岛（Ovalau）发展旅游业，且发展重点是生态旅游业。在奥瓦劳岛和维提主岛之间的小珊瑚岛上，有三个低预算的度假村，它们提供生态旅游、潜水和放松的度假体验。Caqalai Island是个不错的选择，适合低预算旅行者的要求。而Toberua Island Resort比较迎合较富裕的人群，那里是所有斐济度假村中最为奢华的小型度假村之一。

• Toberua Island Resort

这是一家私人拥有的度假村。这里是带有15间最近重新翻修的斐济传统草屋的独特岛屿，为您提供难忘的斐济度假体验。草屋分为13间豪华海滨草屋以及2间高级海滨草屋。每间草屋拥有两个大阳台，一个面向海景，一个面向内陆村落。屋子内拥有一个大型浴室和一个露天淋浴场地以及私人庭院。活动包括浮潜、潜水、按摩，游览村庄和9洞高尔夫场地。岛上提供了精美的餐厅酒吧以及礼品店、Spa和潜水等活动，在这里您可以享受放松和释放压力的自由生活。另外，其婚礼蜜月套餐可以让夫妇们享受浪漫且远离纷繁的宁静生活。单人F$64.40起；双人F$73起。

地址：Bau Waters，Tailevu

电话：（679）347 2777

传真：（679）347 2888

www.toberua.com

• Ovalau Holiday Resort

岛屿上唯一整装的海滩度假村，位于距离列雾卡镇3公里的地方。这里有独立的别墅，距离海洋美景仅几步之遥。度假村有一间休闲餐厅、酒吧以及淡水泳池。晚上会提供Kava。这里还有排球、皮划艇、远足、潜水、环岛游等活动。服务有洗衣服务、到城里的交通运输、餐饮全包。住宿环境舒适，花园别墅，膳食良好。平房住宿F$77起。

地址：列雾卡

电话：（679）344 0329

传真：（679）344 0329

www.owlfiji.com/resort.htm

E-mail:realinvest@connect.com.fj

• Royal Hotel

由阿什利家庭经营了3代人的时间，皇家酒店是您的家外之家。这里是殖民风格的房间，有小屋&公寓，以及低预算房间。酒店提供多种服务，有度假村式健身房、泳池、餐厅、客人酒吧、洗衣服务、旅游预订、功能厅、网络设备包括无线上网接口等。酒店还接受信用卡使用但需要交纳5%的银行手续费。双人房F$40-F$62；小屋F$83-F$119。

地址：Robbies Lane

电话：（679）3440024

传真：（679）3440174

www.royallevuka.com

• Nuku fiji Resort

度假村提供的私人海滨草屋沿着天使湾柔软的沙滩，如珍珠穿线般排列，每间平房由独特木材建造而成，是美丽，功能性强，设施齐全的度假村。海滨草屋是特色拱形传统的棕榈树茅草搭建的传统宽敞草屋，内是一个封闭的客厅及室内浴室设施以及大型步入式淋浴场地。每个草屋都可直接观看到天使湾和海滩的全景。友好的斐济工作人员提供全天候的优质服务。特别活动和游览以及私人用餐或庆祝活动的安排也非常不错。

地址：Gau岛，天使湾

电话：（679）603 0818

传真：（679）603 0820

www.nukufiji.com

E-mail: info@nukufiji.com

• Nuku fiji Resort

● 列雾卡风光

Top 10 洛迈维蒂群岛四处游览

1. 历史城镇徒步旅行

从列雾卡的那索若纪念馆（Nasova）步行出发，经过城镇中心到达列雾卡乡村，您将会了解更多列雾卡的历史，包括参观著名的199级台阶（Mission Hill）。从当地学校（Delana Mission）出发攀爬到山顶，享受这段列雾卡最高峰的徒步旅行。当你到达山顶后，瞭望海湾全景，你会看到风景如画的城镇和周围岛屿，您一定不可错过！

2. Waitovu瀑布游

从列雾卡徒步来到Waitovu村（大约2千米），向导会介绍当地情况，然后行进到瀑布去游泳。沿途向导还会介绍一些当地各种药材类的植物。

3. Cawaci沿海步行

乘坐一辆出租车来到Cawaci的圣约翰学院（St. John's College），大约在列雾卡以北7公里处，然后步行回到列雾卡，经过乡村，在奥瓦劳旅游度假区停留并享用冷饮。

4. 种植园步行游览

悠闲的进入村庄内的种植园散步。导游将会为您讲解一些当地不同种类植物的用途，有的用来当作药，有的用来吃、有的用来喝或者作为自然植物供欣赏。

5. Caqalai岛一日游

当你享受着岛上的白色沙滩，看着时光流逝，你会感受到一切烦恼都烟消云散。

● 潜水

6. Epi's Midland岛游览

当你来到Epi's Midland岛的时候，你可以游览Lovoni地区，你将深入地感受当地生活。 Epi Bole，一位当地人将会带领你探索Lovoni周围葱郁的森林，为你详细讲解其中的奥秘，你还能在清爽的湖水中游泳。你还可以和他的家人一起享受一顿斐济家常烹饪，这是难得的融入当地生活的体验之旅。

7. Silana村一日游

这一游览是由当地人Sala和Seru Nagalu夫妇发起的，和他们一起参观村庄，听他们讲述村庄的传说。享用美味午餐，还可游泳。

8. 奥瓦劳海岸之旅

从酒店的门口开始你的舒适旅程，经过城市或向下步行，你可以来到天主教学校。在路上，您还能在奥瓦劳旅游度假区停留一下，在那里享受美味的海鲜大餐。

9. 环岛之旅

从酒店出发，你可以租辆四轮越野车开车到桥边附近，然后向左拐或向右拐，任何一条路都会将您带回来。这是一条很经典的路线，可以欣赏到岛屿周围迷人的景色。

10. 浮潜和潜水

每日都有行程安排，星期日除外，需预先安排。你可以在潜水教练的带领下到达Ovalau，Wakaya， Makogai和Moturiki海域附近进行潜水活动。这里同时提供英语和法语的PADI潜水课程。潜水船只通常非常欢迎潜水者爱好者的加入，周边还有一些参观游览。

MORRISONS

瓦努来雾岛

Vanua Levu Island

瓦努来雾岛
Vanua Levu Island

概述

瓦努来雾岛是斐济第二大岛，这里是任何一个具有独立意识，想探索世界的旅行者的梦想。这里通常被称为斐济“隐藏的天堂”。这里远离热门的旅游度假地，然而偏远和隐秘，却使的一部分已经周游过世界的富裕人士，把这里当成自己隐居的后花园。这里的生活比较传统，周围景观无比壮丽，岛内布满茂密的热带雨林和满山遍野的椰林。维提岛和瓦努来雾岛地处不同的气候带，岛屿西面和北面尘土飞扬，非常干燥，但是南部和东部却因为茂密的森林和一些河流，湿润潮湿。这里以前有火山，因此瓦努来雾岛的海滩不是很多，但是离开海滩不远，你可以发现令人惊叹的彩虹礁。

斐济大堡礁，世界第三大堡礁群——彩虹礁最适合潜水，在世界的潜水胜地中名列前茅。瓦努来雾岛也有几个海湾，你可以去划船。海岛内陆是鸟类的天堂，虽然雨林茂盛，但是你依然可以寻着声音找到它们的踪影。

瓦努来雾岛有两个主要城镇萨武萨武和拉巴萨。这里的城镇和村庄都没有真正的旅游设施。瓦努来雾岛的住宿地大部分都在萨武萨武海湾地区。这个岛最大的优点在于其出色的潜水和海钓。虽然拉巴萨是瓦努阿岛最大的镇子，但是该镇本身并没有真正的旅游景点，探索拉巴萨地区无疑是真正美妙的体验。

● 瓦努来雾岛

● 丰富的旅游资源

交通

航班——搭乘飞机既经济又节省时间

太阳航空（Sun Air）和斐济航空（Air Fiji）每日都提供自楠迪前往萨武萨武的航班运营。从苏瓦，太阳航空（Sun Air）提供了每日往返拉巴萨的一次航班，而斐济航空（Air Fiji）每天提供两次到萨武萨武的航班。这两家航空公司还提供了萨武萨武和塔韦乌尼岛的往返航班。

乘船——慢，但好玩

乘船游览往往是一个相当漫长的旅行。帕特森兄弟航运、联合运输和巨浪游轮，都提供渡轮运输服务，包括从苏瓦、劳托卡、塔韦乌尼岛、埃林顿码头和奥瓦劳前往瓦努来雾岛的航运业务。

驾车——自由自在，花费不多

一旦你到达了瓦努来雾岛，最好的方法是自己租车，如四轮驱动越野车。瓦努来雾岛的道路并非总是保持的那么好，所有的主要城市都有道路相连，交通便利，既有观赏性，又有娱乐性。

萨武萨武

概况

萨武萨武是瓦努来雾岛的第二大城市，主要旅游中心。这里是一个海湾，也是一个安静的小镇，游客可以在这里看到斐济最壮观的日落。随着人口的增加，土著斐济人和印度侨民人数不断增加，并将各自的魅力在萨武萨武逐渐展现开来。这里最初依赖椰干生产，而今日的萨武萨武看起来更希望开发旅游业来刺激其经济增长。斐济“隐藏的天堂”，由斐济两大航空公司提供航空运营服务，还有不少渡轮公司运营服务，萨武萨武是探索瓦努来雾岛的大本营。此外，由于萨武萨武是一个避风港湾，里面有两个码头，它也逐渐成为游艇和帆船游弋的中心。

游览全攻略

斐济第二大岛瓦努来雾岛正迅速成为一个独立的旅游目的地。原始的自然景观和郁郁葱葱的瓦努来雾岛现在吸引了成百上千的游客，很多人每年都来这里避暑。瓦努来雾岛最好的地方之一是萨武萨武。萨武萨武沿着一条主要道路建成，方便游人徒步旅行。在这里你真的不会迷路。作为旅游中心，码头上的椰子干工厂建于1880年，现在已在重建。在这里您可以预订航班或船票，做一套西服，喝杯啤酒，购买明信片，甚至吃个快餐。在码头附近您还可以找到镇子里的温泉，但要小心，因为它们非常热。这里还有两个银行，澳新银行和西太平洋银行，都在附近的巴士总站。邮局和医院在布查湾街东面，步行你就能找到。

感谢大自然对斐济的厚爱，这里为您提供一些精彩的旅行机会，游泳、潜水、浮潜、自行车运动、皮划艇和瓦努来雾岛、塔韦乌尼岛的航海旅行，沿途你还能探索科罗和基奥阿这些偏远的岛屿。当你航行时，你可以看到海豚在你的船旁嬉戏，还有很多热情的当地村民在游泳。现在这里开始运营邮轮了。

如果你有兴趣在萨武萨武潜水和浮潜，萨武萨武海湾地区就有一个极好的潜水点。镇上有两个潜水店，可以帮助你安排到塔韦乌尼岛和萨武萨武周边的潜水探险日程。在Waitui滨海码头有很多其他国家的外籍人士，你在这里可以和他们打成一片。如果你是在斐济附近海域航行，你可以将游艇停靠在这里，补充一些给养，喝点饮料，品尝美食。萨武萨武最好的沙滩是Nawi.海滩。你可以在这里租单桨皮划艇或跟随当地旅游公司，参加纳维（Nawi）一日游。

乡村旅游，徒步旅行，皮划艇游览，浮潜，钓鱼，游泳等在该地区的活动非常普遍。对于一些晚间娱乐活动，萨武萨武也有很多酒吧，这使得你的夜晚不会寂寞。

● 前往萨武萨武

● 萨武萨武风光

萨武萨武周边一日游全攻略

萨武萨武周边有很多值得探索的地方，这里包括三个主要地点，Waisali雨林自然保护区，Nukubolu自然村和Tunuloa半岛。你到萨武萨武周边旅行，最好是包辆出租车。巴士也有到达，但不是最佳的选择。如果你喜欢，你甚至可以租辆四轮驱动吉普车前往。

Waisali雨林保护区位于萨武萨武北部，那里到处是密集的热带雨林，植被非常丰富，没有太多的路径可进行徒步旅行，但绝对值得一看。这里有一个美丽的瀑布，这是当地人的好去处，进入园区后，从萨武萨武向北，沿着拉巴萨大道一直向前，虽然入口标记不清晰，但是大部分公共汽车和出租车司机都知道这条路。

Nukubolu村位于萨武萨武北部山上。今天只有这个村落还在这里，历史上记载Nukubolu村和Cakaudrove村曾经进行部落战争。如今Nukubolu村仍保存完好，这是一个有趣的村落。通常，游人会将这里和Waisali热带雨林自然保护区一并参观。

Tunuloa半岛在瓦努来雾岛东南部，是一个郁郁葱葱的风景名胜地区，这里提供了一些很好的观鸟和远足徒步旅行的机会，你可以找到许多繁茂的椰林和森林。一定要记住，这里没有任何酒楼食肆或商店。在这个半岛上你会发现布察湾（Buca），这里有很多珍稀濒危鸟类。从Buca湾北上直至Dakuniba村，你可以找到一些雕刻着神秘岩画的岩石，可惜没有人知道他们的意思。您也可以由这个村庄去附近的彩虹礁，从而更容易去塔韦乌尼岛访问。

萨武萨武周边，也有一些安静的地方可以停留。汉尼拔生态探险度假村（Hannibal's Eco Adventure Resort），The Lomalagi Resort，彩虹礁度假村（The Rainbow Reef Resort）都提供了一流的住宿，绝不会让你失望。

饮食

• Bula-Re Café

国际性饮食。一家德国人经营的餐馆，面对海港，提供镇子里最好的食物。菜谱风味齐全，从英国的鱼和薯片到斐济的大餐（Palusami）种类繁多。辛辣的印度式咖喱饭、杏仁虾会激发你的味蕾。素食者在这里也有一些选择，可配上辣味奶酪和咖喱酱的素食通心粉。周三是Lovo之夜，以自助烧烤为特色，每人F$17，早餐你可得到一份咖啡或拿铁。餐厅营业时间从周一至周六9am-9:30pm；周日5pm-10pm；早餐价格：F$5-F$7，主菜价格：F$7.50-F$19，接受信用卡付款。建议晚餐提前预订。

地点：主街，城镇东端，邮局对面

电话：（679）885 0377

• 美味的面包和沙拉

• 意大利面

• 印度式咖喱

• Captain's Café

提供国际性餐食，餐厅位于The Copra Shed内，正对着海湾。早晨这里是个咖啡馆，中午是餐厅，包括牛排、三明治、汉堡包、色拉、面包以及相当不错的意大利面和比萨饼。营业时间：每天7:30am-10:30pm，价格：早餐F$4-F$8；汉堡和三明治F$8-F$12；比萨饼F$10-F$24；主菜F$9-F$11。不接受信用卡。

地点：主街，the Copra Shed

电话：（679）885 0511

• Surf 'n' Turf

餐厅提供国际美食。这里的厨师以前是斐济Jean-Michel Cousteau度假村的名厨Vijendra Kumar，现在他将美味的食物带到了这个海滨餐厅。牛排和热带龙虾的结合常常还伴有木蕨类的嫩叶（一种斐济特有的蔬菜），同时Vijendra还烹饪出美味的印度咖喱。餐厅的特色是6菜晚餐，让你坐在临近海湾的桌子上享用美食，真是非常的惬意。固定价格晚宴需要预订。营业时间：每天10am-2pm和6pm-10pm。价格：主菜F$12-F$50；固定晚餐F$50。

地点：主街，copra shed环城

住宿

由于萨武萨武正在迅速成为一个受欢迎的旅游目的地，有越来越多的人造访这个沿海城市。萨武萨武的住宿从宿舍、酒店公寓到更高端的度假村都有。最便宜的地方都留在城市中心，更多的豪华度假酒店坐落在郊区。

对于一些低预算的潜水度假村，他们提供了萨武萨武半岛上的一些优秀潜水点，还包括以一个可爱的泳池区，良好的餐厅、酒吧、私人储物柜和热水淋浴。另一个便宜的住宿地点是萨武萨武的大卫度假屋，位于附近的海滨，这家酒店有干净的房间和友好的工作人员，适合家庭住宿。城镇郊外你也可以找到价格低廉，经济型的两家度假村：Mumu的度假村在萨武萨武东约17公里处，提供了条件不足的住宿环境。另一个较偏僻的度假村Vatukaluvi度假村距城市15分钟的路程，附近还有一个小海滩，在这里您可以潜泳和游泳。爬上山坡你可以俯瞰科罗海，这所房子设施齐全，可容纳7人。

如果你想在城市里找到个高档酒店，请访问温泉酒店，它位于萨武萨武中心。这里的客房宽敞明亮，酒店还拥有一个不错的大厨以及良好的餐厅和酒吧。如果您正在寻找萨武萨武豪华的住宿地。科罗太阳度假村和让米歇尔库斯托斐济群岛度假酒店，将不会让你失望，或许你还能发现幸福的感觉。这里以一流的设施和不可思议的窗外景色，成为了名副其实的度假胜地。酒店为客人提供很多的活动，儿童的节目、旅游、健身设施以及一流的食品，所有这些都是酒店的理想之地。

■ 低预算住宿

• Hidden Paradise Guest House and Sea View Cafe

位于萨武萨武主路，最近重新装修，干净整洁，价格合理，员工友好，宾馆充满家的温馨。房间内有两张床，包含早餐，烹饪和共享浴室设施，还有一间不错的餐厅。风扇房间F$30，空调房F$65。

地址：萨武萨武
电话：(679) 885 0106
传真：(679) 885 0106
www.hiddenparadiseguesthouse.com
E-mail:info@hiHiddenparadiseguesthouse.com

• Sekawa Beach Cottages

这间酒店拥有1280平方英尺，拥有完全独立的家园，带有厨房、大客厅、餐厅和一间卧室。拱形天花板及双墙架构，天然木制装饰、每间房都有吊扇。偌大的阳台可以欣赏到五颜六色的热带鸟类、海洋以及森林和日出景观。卧室有高品质大号床、两个衣柜、书桌和吊扇。通向甲板的门外可以欣赏到花园和森林美景。客厅家具齐全，包括沙发、两张单人床、电视、DVD播放器、音响等。每日双人F$75起。

地址：Nasekawa, Wailevu, Savusavu
电话：(679) 8283387
E-mail：nasekawa@hotmail.com

• 萨武萨武湾的海岸风光

• Yau Kolo

一个提供背包客露营和啤酒花园的宾馆。4床宿舍。步行穿过美丽的花园即到浴室。壮美的潟湖和岛屿景色一览无余，附近还可以潜水和浮潜，没有自炊式厨房。房间提供低预算用餐。宿舍F$30；露营F$20。

地址：萨武萨武
电话：(679) 885 3089
E-mail：yaukolo@connect.com.fj

■ 中预算住宿

• Holiday rental Hans' Place

别墅周围是茂密的热带花园，距离海边只有短短的250公尺。这里非常安全也非常宁静，非常适合独自旅行的旅客。在这居住期间，您可以参加浮潜、潜水、瀑布健行、拜访斐济村落等自然与文化的活动。Hans' Place有两座别墅，分别是House Yasiyasi以及House Yaka，均装潢有卧室厨房以及浴室。两座别墅均可欣赏萨武萨武湾美丽的海岸风光。

地址：Vanua Levu
电话：(679) 885 0621
www.fiji-holiday.com
E-mail:hansinfiji@connect.com.fj

• Holiday rental Hans' Place

● La Dolce Vita Holiday Villas

● La Dolce Vita Holiday Villas

假日别墅位于距离萨武萨武机场40分钟车程的地方，浪漫与宁静结合了意大利的优雅构成了真正的斐济温情。餐饮是以意大利菜为主的多元文化斐济食物。别墅1′Aquila和别墅Pescara是带有空调的海滨单间式别墅，是舒适与优雅的完美结合。别墅内提供咖啡、茶、应季的热带水果。住宿F$350。

地址：Naqere Estate，萨武萨武

电话：（679）851 8023

www.ladolcevitafiji.com

E-mail:info@ladolcevitafiji.com

● Naveria Heights Lodge

从这里可以俯瞰美丽的萨武萨武湾。萨武萨武的精品住宿地，拥有健康、放松、休闲的住宿环境。让您放松身心，享受无比。每个房间都有私人浴室套间、大床或特大号床、硬木地板以及高雅的斐济风格精美装饰，法国式的门通往您的私人阳光甲板，在那里您可以欣赏热带的宁静。您还可以在休息室放松或者躺在吊床上玩耍。入住每晚含早餐F$130，周末特价两晚F$250。

地址：PO Box 437，萨武萨武

电话：（679）885 0348

www.naveriaheightsfiji.com/

E-mail:justnaveria@connect.com.fj

■ 高预算奢华酒店

● Jean-Michel Cousteau Fiji island Resort

世界顶级生态度假村，五星级酒店，南太平洋最著名的度假目的地之一。位于瓦努来雾岛，这里是一个浪漫的蜜月和婚礼度假目的地，深受国际人士的喜爱，也是唯一雇佣全职海洋生物学家的度假村，可以帮助游客欣赏到魅力的斐济海洋世界。酒店包含住宿潜水套餐（6或7晚的园景草屋住宿，所有的美食，3天的成人潜水，足部按摩等），有斐济浪漫蜜月/情侣特价优惠套餐等项目。

地址：萨武萨武

电话：800-246-3454/613 9815 0379

www.fijiresort.com

● Lomalagi Resort

Lomalagi在斐济语中是“天堂”的意思。这里犹如美丽的人间天堂。6间偌大的私人别墅可容12位客人居住。“天堂”中神秘的花园适合婚礼、冥想或者是阅读。漂亮的泳池被瀑布包围，娱乐房中有台球桌、视频设备、图书馆。可爱的餐厅可以俯瞰泳池和大海。餐厅提供欧洲和美国餐饮。行政房/蜜月别墅US$499/晚。高级山面别墅US$468 /晚。

地址：PO Box 200，萨武萨武
电话：（679）851 0585
传真：（679）881 6099
www.lomalagi.com
Email: info@lomalagi.com

● Moody's Namena

私人生态岛，可浮潜、潜水、探索原始森林、划独木舟、观鸟、钓鱼或在海滩上放松。海滨竹草屋散落在悬崖面，可欣赏到美丽的全景。其他活动还包括登山、划船、游泳、浮潜、深海捕鱼，可以看到五颜六色的珊瑚礁和海龟。设施：餐厅、酒吧、游戏室、洗衣服务、按摩。修建于1986年，有6间单元房，房间内提供国王床、浴室和淋浴设备，有浪漫的煤油灯、咖啡和茶设施，热水等。单人US$2080，双人US$1505，三人US$1505，但要最少住5晚。

地址：Namenalala Island offshore ，Savusavu
电话：（679）828 0577
传真：（679）828 0901
www.moodysnamenafiji.com

● Fiji Beach Shacks

这里有终极豪华私人海水泳池，惊人的萨武萨武湾美景。这些全部都成为了您的独家享受。在度假村漫步，感受属于您自己的私人隐居生活。整个竹房子共有两层，每层有一间卧室、浴室、一间阅读室。房内配有设备齐全的厨房，室内和室外就餐区，洗衣设施，烧烤设施以及奢侈宽敞的客厅，提供大绒毛毛巾、纯平电视、DVD、CD、音响等，让您足够享受在这里的生活。入住一周F$1,995，每天F$295。

地址：Lesiaceva Point，萨武萨武
电话：（679）885 1002
传真：（679）885 2185
www.fijibeachshacks.com/
E-mail:info@fijibeachshacks.com

● Fiji Beach Shacks

● Namale Fiji islands Resort & Spa 游泳池

● Namale Fiji islands Resort & Spa

19间奢华的草屋占地525英亩，提供奢华、隐私以及独特的度假体验。Namale 拥有久负盛名的Spa、潜水商店和高尔夫球场。这里是热带雨林与海洋的美好融合。无与伦比的豪华，私密性和辉煌。它的设计是豪华的传统斐济住宅别墅，每间草屋舒适无比，留下了给人印象深刻的家居环境。850-1950 美元。

地址：萨武萨武
电话：（679）885 0435
传真：（679）885 0400
www.namaleresort.com/

● Savasi Island

在这个美丽的私人小岛上仅有两间海滨别墅。别墅使用了传统的斐济海滨别墅设计元素，包括高天花板和宽敞的走廊，海风迎面而来。别墅设备齐全；每间都有自己的卧室，以确保舒适和隐私。每座别墅内的房间都有特大号床和两张单人床。房间内还包括室内/室外淋浴、衣柜、每日的管家服务等，非常周到。客厅里有一个CD播放器，ipod基座、游戏、书籍、卡片和拼图。双人每天澳元590起。

地址：Savusavu，Vanua Levu
移动电话：61 419 896 891
传真：61 3 9820 9883
www.savasiisland.com
Email: gail@savasiisland.com

● Namale Fiji islands Resort & Spa

拉巴萨

概况

拉巴萨坐落在瓦努来雾岛北部，是岛内人口最多的城镇。约5公里长的拉巴萨河贯穿整个城镇，这个镇子是瓦努来雾岛西部的行政中心。历史上这里以繁荣的贸易出名，拉巴萨自殖民时代起就是斐济的制糖业中心，在1894年开设了第一家工厂。

2003年，飓风几乎摧毁了该地区的设施，今天当地人仍然在努力恢复生产生活中。拉巴萨本身没有什么真正的旅游景点，拉巴萨大多数商店位于Nasekula街，那里还有邮局、银行和巴士站。斐济航空（Air Fiji），太阳航空（Sun Air），巨浪航海游船（Beachcomber Cruises）和帕特森兄弟轮船（Patterson Brothers Shipping）都在Nasekula路上设有办事处。

拉巴萨目前只有少数酒店和住宿地点在城市中心，其中大部分住宿地点价格相当低廉。最好的住宿地方之一是在Nadawa大街上的拉巴萨江景私人酒店（The Labasa Riverview Private Hotel），附近就是警察局，而如果你想寻找更高档的住宿，大东方酒店（The Grand Eastern Hotel）可能是您的最佳选择。

在拉巴萨有不少餐厅，都是印度和中国料理。五蛙快餐酒吧（V. Rana's Snack Bar ）是一个不错的印度餐馆，而如果你想吃中餐，最好到东方餐厅（The Oriental Bar and Restaurant）。在拉巴萨没有真正的夜生活，只有一个小电影院，大东方酒店是这里消遣的最好地方。

● 大东方酒店的游泳池

● 拉巴萨小镇

- Friendly North Inn

位于拉巴萨北部，横跨拉巴萨河。包含了6间花园木制平房，现代、豪华、独立是其特点。房间的设计源自传统的斐济草屋。装饰和装修风格典雅，给人以平和舒适的氛围。拉巴萨公共泳池和医院都在步行距离内，很方便。

地址：拉巴萨

电话：（679）881 1555

传真：（679）881 6429

www.friendlynorth.com

拉巴萨周边一日游全攻略

拉巴萨周边有几个地方绝对值得一游。从Wainikoro路出发，眼镜蛇岩距离拉巴萨约10公里。您将路过附近的两个小寺庙，其中一个是神圣的曼迪尔寺（Naag Mandir Temple）。

远远望着曼迪尔寺（Naag Mandir Temple），明亮的红色，蓝色和黄色汇合在一起，又称为蛇庙，这里每天都有几百名信徒前来参观。这座寺庙围绕着眼镜蛇岩，岩石旁边环绕着金丝、花环、水果、椰奶和圣水。穿过眼镜蛇岩和茂密的椰子林，你就到了Korovatu海滩。这里是个游泳的好地方，在这个海滩你可以看到马劳码头（Malau Wharf）。在假日和周末，这里往往非常拥挤。很多当地人都来这里野餐，并和家人共度一天，在Korovatu海滩你必须自己携带水和小吃。

浮动岛位于拉巴萨东北约50公里处，真让人大开眼界。这个小浮动岛屿坐落在一个池塘里，在微风中左右摇摆。这里到处都是田园风光。

● 拉巴萨周边地区

Nabouwalu以及附近的岛屿

概况

瓦努来雾岛西南地区就是Nabouwalu，这里距离萨武萨武127公里。Nabouwalu渡口在19世纪就被人广泛的利用，欧洲商人把这里当成檀香木出口的重要中转站，现在主要为旅行者提供服务。你可以乘坐巴士经过拉巴萨来到这里访问。

从Nabouwalu，您也可以到达斐济第一个野生动物保护区Yadua Tabu小岛，这里创建于1980年，这个海岛保护了很多珍稀濒危动物如冠鬣蜥。Nabouwalu只有少数市场、邮局、商店、行政办公室。如果你想在那里过夜，Nabouwalu只有一家政府宾馆可供停留。

● Nabouwalu渡口

瓦努来雾岛的外海离岛全攻略

瓦努来雾岛附近的外海离岛是基奥阿（Kioa），拉比（Rabi）和努库柏提（Nukubati）。

■ 基奥阿（Kioa）

基奥阿是一个私人拥有的岛屿，仅仅距离Tunuloa半岛一步之遥。你可以从Buca湾轻松地到访，但你不能随意来访此地，除非您被当地村民邀请。这里只有仅仅25平方公里，基奥阿实际上聚居的是波利尼西亚人，他们都是来自图瓦卢的原著民。

瓦伊图普人在1947年购买了这个地方，今天，有超过650人在岛上居住。当地人热情友好，都是在一个大部落里一起生活。这是物产丰富，著名的编织工艺品值得您拥有。

■ 拉比（Rabi）

拉比是一个大岛，靠近基奥阿和北部Tunuloa半岛。私人拥有，你需要从岛屿行政部门得到许可，如果您有兴趣参观拉比岛，这里有一个收取象征式费用的宿舍度假村。

■ 努库柏提（Nukubati）

距拉巴萨约40公里处，Nukubati实际上是连接着一个红树林的两个小岛，刚好位于瓦努来雾岛的北部海岸，这家私人拥有的岛屿拥有一家度假村——Nukubati岛度假村。这是岛上唯一的度假村，惊人的美丽，包括一个美丽的白色沙滩。这里的预定价格非常昂贵，7000美元一晚的价格，包括一系列活动，潜水、网球、帆船、滑浪风帆及钓鱼等一系列活动。

www.nukubati.com

游览

北部群岛的主要景点和活动，包括潜水、钓鱼、远足、观鸟、游泳、瀑布戏水等。

1. 去世界第三大堡礁群潜水

潜水是瓦努来雾岛和塔韦乌尼岛旅游的主要焦点。这里的度假村有大量潜水胜地。最著名的要数彩虹礁，其位于瓦努来雾岛的东南端（从塔韦乌尼岛也很容易到达）。索莫索莫海峡也是世界闻名的潜水胜地。Nukubati岛潜水是这里首屈一指的活动，乘船半小时就能带你到世界第三大堡礁群。瓦努来雾岛是访问这个庞大的海底宝藏唯一的落脚地，鳐鱼、海龟、海豚、鲸鱼以及地球上已知的74种珊瑚和已知的80%的珊瑚礁都能在这里发现。

2. 尝试一下当地传统捕鱼方式—游钓

这地区有特殊的捕鱼方式——游钓，坐着游艇到一些偏僻的水域进行海钓。大多数度假村提供了一些当地的独特捕捞形式。

3. 驾驶游艇帆船出海

游艇在萨武萨武很受欢迎，在小镇上有三个船坞。萨武萨武游艇俱乐部位于镇中心（Copra Shed Marina）。可在萨武萨武举办一年一度的总统杯游艇帆船赛。

4. 幸运的看到斐济游隼捕鱼

坎达武群岛和塔韦乌尼岛、瓦努来雾岛是最好的观鸟岛屿，这里大约有23种稀有鸟类。斐济游隼（可以直接从空中扎到海中捕鱼）、斐济海燕、粉红鹦鹉、绿嘴云雀、红喉鹦鹉、长脚莺和丝绸蝙蝠都是稀有物种。

● 传统捕鱼

● 斐济冠鬣蜥

5. 到原始森林做一次有氧运动

Nukubolu森林和考古公园以及Waisali森林公园是由社区管理的景点。Waisali森林公园生态旅游项目是很好的例子：以新兴社区为基础的旅游业为该旅游区域提供了多样性的产品。

6. 珍珠农场里寻找黑珍珠

这里有两个珍珠养殖场，一个在萨武萨武镇，另一个在塔韦乌尼岛马太附近的Nasesesele潟湖，斐济黑珍珠是南太平洋群岛的瑰宝，你可以在很多世界顶级品牌的珠宝首饰中，发现其身影。

7. 文化遗址值得一游

在Nukubolu有一个文化遗址，位于萨武萨武山区北面Biaugunu附近。人们在斐济割让给英国之前就居住在Nukubolu这里。今天，很多村庄仍然散落在一条河流的两岸。土壤肥沃的火山口附近有一些温泉泉眼、保存完好的石头建筑地基、台阶和精心构建的温泉池。Nukubolu遗址未来将会被规划为国家公园，从芙蓉公路的一端，一直到纳泰瓦湾交界处为止。

8. 亲眼看一次斐济冠鬣蜥

该地区是世界著名的大冠鬣蜥的家园，你可以在美国国家地理杂志中找到它们的身影。

9. 在萨武萨武闲逛

一旦你来这里旅游，你会发现萨武萨武是一个超出你预期的地方。

10. 在萨武萨武搭乘邮轮巡游

邮轮服务是一流的，这里有优秀的船员和良好的住宿条件。如果你想单独包租一艘船也可以，价格中包括游艇或帆船的船员，半天游览，浮潜行程，日落巡航，通宵停泊，野餐和跳岛巡游，全天乘坐游艇畅游附近群岛等等。

坎达武群岛
Kadavu Islands

坎达武群岛

Kadavu Islands

概况

一个隐蔽的热带岛屿天堂，坎达武群岛能让你远离喧闹的尘世。这里生长着茂盛的热带雨林，令人难以置信的珊瑚礁，在这里潜水、冲浪都会让人尽享欢乐的假期。位于维提岛南部100公里的大阿斯特罗莱布礁（The Great Astrolabe Reef，又称星盘堡礁），坎达武群岛包括斐济的第四大岛屿坎达武岛（Kadavu），Ono Island，Galoa Island和数目众多的小岛屿。

威廉姆•布莱船长在1792年乘坐罗维登斯（Providence）号，在其第二次航海探险中来到坎达武群岛的Galoa港，并将此作为他眼中的斐济群岛首府。今天这个岛上的生活依然非常传统，坎达武有70处定居点，经济并不发达。当地人在海岸边的小村庄里世代而居，大部分人仍然以种植业或渔业谋生。

交通

坎达武群岛位于维提岛苏瓦以南大约100公里处，包括3个较大的岛屿和一些小岛，无论从空中和海上，坎达武群岛都很方便到达。

坎达武——乘坐斐济航空最方便

斐济航空（Air Fiji）提供从坎达武到楠迪的每日航班。在瑙苏里机场，搭乘太阳航空（Sun Air）的轻型飞机直接飞往坎达武大约需45分钟。当飞机降落的时候，你眼前会出现一些美丽的珊瑚岛画面，您将降落在武尼塞阿（Namalata）机场。

乘船——单程每人F$42

从苏瓦到坎达武，你也可以搭乘渡轮来此一游。坎达武码头（The MV Bulou-ni-ceva）也是一个货运码头，其中收费单程每人F$42。这个航线的服务很多时候不正常。如前往武尼塞阿（Vunisea）、当地城镇（Nabukelevu-i-Ra）和卡瓦拉湾（Kavala Bay），乘坐渡轮有时会很糟糕，特别是当你遇到恶劣的天气时。

● 坎达武群岛

● 坎达武岛

坎达武岛

概况

斐济第四大岛，可谓斐济最原始的岛屿之一，拥有人口10,000人左右，占地面积411平方公里，位于首都苏瓦以南90公里处。坎达武岛以其茂密的雨林和奇异的野生动植物赢得斐济最美丽的岛屿之一的美誉。坎达武现在仍然有75%的原始雨林和拥有丰富多样的鸟类，其中包括4种本土的特有物种。坎达武是斐济经济欠发达的地区之一，没有几条公路，当地的经济主要依靠自给农业。

坎达武岛多山，崎岖、起伏的群山和高耸的悬崖深缩进海湾之中。在坎达武岛西南，你会发现华盛顿山（Nabukelevu），最高峰将近838米。葱郁茂密的热带雨林贯穿整个岛屿，特别是在东部，你能够看到栖息在悬崖峭壁间的坎达武岛独特的野生鸟类，包括坎达武麝香鹦鹉、坎达武蜜雀和有着天鹅绒般翅膀的鸽子。

这个海岛拥有世界上最好的潜水地：大阿斯特罗莱布礁（The Great Astrolabe Reef，又称星盘堡礁）。地表之下，岛屿的清澈海域提供了极好的能见度，有着硬软珊瑚、垂直的海底峭壁、洞穴和斑斓的热带鱼，这里简直就像一座美丽的水下花园。

度假村提供各种品质的住宿条件，从背包客客栈和家庭度假村、生态度假村以及更多奢华的度假酒店均有，所有住宿都能迎合潜水爱好者的要求。

交通

坎达武岛——水上飞机最酷

这里每天都有来自楠迪的水上飞机到达坎达武岛，另外也有来自苏瓦的渡轮服务。

坎达武岛——度假村免费接送

环游坎达武岛并不困难，大多数度假村都在Namalata机场接送客人。如果你的度假村没有提供免费的往返接送服务，自己乘船通常是非常昂贵的。

武尼塞阿（Vunisea）——出行靠水上的士

武尼塞阿（Vunisea）是岛上的主要城镇，在这里您可以找到医院、派出所、邮局、学校、码头和机场（Namalata）。大多数人使用水上的士前往各个岛屿，由于岛屿地形复杂，岩石陡峭，峭壁纵生，因此很难环岛游。

● 坎达武群岛水上飞机

背景知识

坎达武群岛潜水

世界知名的大阿斯特罗莱布礁（The Great Astrolabe Reef，又称星盘堡礁）在此地，围绕坎达武群岛的潜水点有很多，是世界上最精彩的潜水地所在。沿坎达武群岛东部地区，你会发现楚楚动人的彩色硬珊瑚、品种繁多色彩斑斓的软珊瑚、大幅的垂直落差，未开发的海底洞穴和令人难以置信的数量众多的海洋生物。在坎达武潜水，真正特别的体验也许是只听其名不见其影的热带鱼和锤头礁鲨。这里的水下能见度非常好，但恶劣的气候和季候风，往往使得潜水很困难，不过这也无疑增加了众多爱好者征服大阿斯特罗莱布礁的决心和勇气。

您也可以去索索冲浪涌道（The Soso Passage）和拥有水下洞穴的Naiqoro冲浪涌道（The Naiqoro Passage）潜水，这里的原住民是鳐鱼和鲨鱼。沿坎达武群岛西北还有一些精彩的潜水点，那就是Mamalata珊瑚礁（The Mamalata Reefs），那里也期待着你的探索。

住宿

如果你想在坎达武群岛度假，住宿选择是有限的，这里没有太多的度假村和酒店。另外，请记住，大多数坎达武度假村距离机场都很远，而唯一的途径是乘船。虽然一些酒店提供免费的接送机服务，你也可以通过船只去另外的岛屿。你选择在坎达武住宿，将意味着你要选择交通工具到达你的度假村，你要记住这一点。

坎达武群岛最好的低预算度假村之一是约娜天堂度假村（Jona′s Paradise Resort），它提供了露营和宿舍。对于那些想要安静的人士来说，在这里住宿，你可以享受淳朴自然的饮食。度假村还拥有自己的潜水中心。坎达武群岛最漂亮的大野岛（Ono Island）海滩附近的Vabea是一个非常好的潜水点。

坎达武岛有两个不错的低预算度假村，分别是在东南部的玛塔瓦度假村（The Matava Resort）和东北部的艾伯特度假村（Albert′s Sunrise）。这里提供了舒适的斐济布瑞草屋别墅，还有丰富的膳食。在这两地，潜水设备都可以租借，度假村还组织如丛林探险、乡村旅游、瀑布戏水等活动。

坎达武岛有三个中档度假住宿地点，Waisalima海滩度假村（The Waisalima Beach Resort）、Tiliva度假村（The Tiliva Resort）和里斯小屋（The Reece′s Place）。如果你在武尼塞阿（Vunisea）、黛安娜（Biana）和塞马（Thema）地区住宿，这边也会出租一些基本的房间给游客。

三个顶级的坎达武群岛住宿地点是坎达武潜水度假村（The Dive Kadavu Resort），Papageno生态度假村（The Papageno Eco-Resort）和Nagigia岛度假村（The Nagigia Island Resort），所有这些都在坎达武岛。这里提供宽敞的斐济布瑞草屋别墅和美味的食品，这3个度假村都有自己的潜水中心。坎达武潜水度假村，不接受10岁以下儿童的预定。如果你是一个冲浪爱好者，你最好留在Nagigia岛度假村，因为它提供了一些卓越的冲浪海滩和全年绝佳的出游时间。

对于蜜月夫妇来说，如果你想要更安静一些的住宿地点，那么私人岛屿Yaukuve Levu岛提供了你想要的一切服务，这里只有21间客房，这是一个与世隔绝的豪华度假村。

● 坎达武群岛潜水

Matava Resort - The Astrolabe Hideaway

10间房。海景茅草房F$490 ，蜜月茅草房F$540。餐厅膳食良好，在一个高茅草屋内且供应卡瓦酒还伴有吉他演奏。这是一个奇妙的地方，让您可经历自然、传统的生活，也毫不掩饰其豪华之处。

地址：PO Box 63，Vunisea，坎达武
电话：（679）333 6222
传真：（679）333 6098
www.matava.com
E-mail: matava@connect.com.fj.

Nagigia Island

这里位于海滨石灰岩海岸线之上，总共14间平房。所有别墅都带有私人露台，可俯瞰大海，欣赏群山环绕的美丽风景。别墅拥有热水淋浴，橱柜空间和双人床。由于岛屿小且多岩石，浴室设施设在高地上，需要从别墅步行到达。这里有惊人的Nabukelevu山峰。穿过避风港海湾就是供客人使用的私人沙滩，这里是进行浮潜和划艇运动的不错地点，有餐厅和酒吧。豪华海滨茅草屋（带有私人设备）每人每晚F$202。

电话：（679）603 0454
移动电话：（679）970 0952
www.fijisurf.com/
E-mail：info@nagigia-island.com

● 海景茅草房

Koromakawa Resort

度假村是一处非常隐蔽的高档宾馆，位于Ono岛的海洋保护区，是特别适合夫妇和家庭度假的优秀住宿地点。提供美味的食物、友好的员工以及热情专业的服务。草屋内部配有两间卧室、客厅和大浴室。每间卧室都有一张国王床，客厅提供私人用餐、茶水和咖啡，冷冻饮料服务。每位客人会有一个大浴袍，拖鞋和苏禄。这里故意没有安装电话或电视服务，但有很多的图书，音乐和DVD供客人享受。一对夫妇每人每晚US$250。

地址：Ono Island，坎达武
电话：（679）326 0260 或 3333
www.koromakawa.com.fjE-mail:info@koromakawa.com.fj

Waisalima Beach Resort & Dive Centre

环保型潜水胜地，紧邻大阿斯特罗莱布礁，拥有世界上一些最好的潜水和浮潜基地。度假村拥有一系列当代斐济草屋，适合各类旅行者。豪华草屋带有套房设备、传统或者标准草屋，以及宿舍或者露营地，帮助人们回归自然。所有草屋都由可持续性材料建造而成，提供24小时太阳能照明系统，以帮助减少发电机的使用和减低碳排放量。需F$75-250。

地址：C/ Naleca P.O. Kavala湾，坎达武岛
电话：（679）603 0486
www.waisalima.com

劳群岛
Lau Islands

概况

劳群岛大约由57个小岛屿组成，位于汤加和斐济之间，东部在科罗海之间。因为斐济缺乏运输条件，劳群岛几乎没有发展旅游业，但这也意味着其神秘与美丽是绝对值得那些酷爱探险的游客们一试身手的。

劳群岛分布在周边400公里的范围内，岛屿通常都很小，而且地质结构都是火山岩或者石灰岩。由于它靠近汤加，所以受到汤加文化和波利尼西亚文化的影响较大。这里的文化传统不同于斐济其他岛屿，享有盛名的木雕艺术充分体现了岛屿早期的历史传承。

今天劳群岛中只有第三大岛屿可以居住，Vanua Balavu、Kaibu、Naitauba、Kanacea、Mago、Cicia、Lakeba、Vatoa和Ono-i-Lau都是劳群岛中的一些重要岛屿。瓦托阿岛（Vatoa）是詹姆斯•库克船长于1774年在劳群岛中发现的第一个岛屿。劳群岛最重要的岛屿是Lekeba。从历史上看，这个岛一直作为斐济和汤加的主要交汇点。

如果您在劳群岛游览，潜水是这里最值得推荐的内容。禁止商业捕鱼使得这一海域内拥有大量的海洋生物和美丽的珊瑚礁。这里只有Vanua Balavu、Lakeba和Kaibu岛屿对游客提供住宿，如果你想逗留在此，最重要的是你需要提前预订一家酒店。Kaibu岛拥有劳群岛中最高级的度假村，这是一个私人岛屿。贝部岛度假村只有3座斐济传统布瑞草屋别墅，最多只能为6位游客提供服务，服务包括各种活动。这个度假村有自己的飞机跑道，很多到这里的游客是开着私人飞机前来的。在Vanua Balavu岛和Lakeba岛只有一个客栈，这里没有什么游客，如果你来了，你也许不会和任何人的假期撞上。只有极少数富豪把方圆400平方公里的海域当成自家的游泳池，而这并不适合大多数旅游者。

交通

劳群岛——斐济航空班次多

如果你想访问劳群岛，斐济航空公司（Air Fiji），每星期二和星期四有自苏瓦前往Vanua Balavu岛和Lakeba岛的航班。您也可以搭乘私人飞机来此。唯一的航运运输是一些货运船，从苏瓦定期往返于这些岛屿之间。

● 劳群岛

莫阿拉群岛
Moala Group

概况

莫阿拉群岛位于劳群岛南部和坎达武群岛之间，在洛玛伊米提群岛东南部。莫阿拉群岛由三个岛屿组成，莫阿拉岛（Moala）、托托亚岛（Totoya）和马图库岛（Matuku）。莫阿拉群岛土地总面积约119平方公里，但游客有时候无法直接擅自到访这些岛屿，你只有在当地的村民邀请下才能到访。

莫阿拉岛是其中最大的岛屿，65平方公里。距离Lakeba岛大约有110公里，距离苏瓦有160公里。这三个岛屿有一些不寻常的景观，其中包括一个高达460米的山峰和两个小型火山湖。因为是火山岛，这里的土壤十分肥沃，岛上原住民将椰干、香蕉运送到苏瓦出售。你可以在莫阿拉岛找到9个乡村，但这里没有真正的住宿地点。如果你访问莫阿拉岛，你需要当地家庭的邀请。

托托亚岛曾经是一座火山，四百九十万年之前爆发过。今天马蹄形的火山沉没在海中，使得托托亚岛形成了一个美丽的内陆湖。马图库岛是一个小岛，茂密的森林掩映在其间，肥沃的火山土壤使岛屿常年绿树如茵。这里似乎用一句诗形容更合适，春暖花开，面朝大海。

交通

莫阿拉岛——斐济航空是唯一选择

当你想前往莫阿拉岛，斐济航空公司（Air Fiji）每周四提供一次往返航班。您也可以乘船到达这里。

罗图马岛
Rotuma

概况

罗图马岛是一个很小的孤岛，非常偏远，它位于斐济群岛以北约450公里处。这里的景色非常美丽，包括人烟稀少的海滩和一些有趣的史前遗迹，如果你想来一次冒险的旅行，这里绝对值得尝试。罗图马岛是一个约30平方公里的火山岛，1881年成为斐济的一个省。不过，使罗图马岛不同于斐济其他岛屿的是其独特的文化，这里的人是美拉尼西亚人和波利尼西亚人的后裔。其中一个重要原因是在17世纪，汤加曾经入侵罗图马岛，因此罗图马岛当地人的舞蹈和文化受汤加的影响非常明显。1791年历史研究发现，罗图马岛全盛时期曾经是重要的港口，但在今天，这个小岛仍以农业为主。村民生产椰干、种植水果和发展渔业。这里的乡村生活与斐济本岛有很大的不同。在这个岛屿上，生活轻松悠闲，罗图马岛南部海岸上有最棒的沙滩，包括Motusa、Juju、Noatau和Oinafa，你可以在这里游泳。

村庄分布在罗图马岛内部，丘陵被茂密的绿色植被所覆盖。当你造访这里时，别忘了访问Sisilo国王的墓地。有一件事你要记住，如果你有参观罗图马岛的计划，这里没有旅游设施，除了一个在Motusa村的背包客客栈。你需要自己带帐篷和餐饮。

交通

罗图马岛——太阳航空最便捷

前往罗图马岛相当昂贵，太阳航空（Sun Air）于星期日有自楠迪经苏瓦到罗图马岛的航班，每周只有一个航班，飞行时间将近两三个小时。其他的方式是搭乘货船，但却是一个为期两天的海上航行。

Top 10 坎达武群岛，劳群岛，莫阿拉岛，罗图马岛十大四处游览

1. 大阿斯特罗莱布礁（The Great Astrolabe Reef）位于闭塞的坎达武岛东北海岸，并从这里一直延伸到Ono Island。这里是世界上真正的潜水胜地之一，与澳洲大堡礁、埃及红海珊瑚礁并称世界三大珊瑚礁博物馆。美丽的珊瑚和垂直陡峭的海沟，伴随着多样的海洋生物，如礁鲨和色彩鲜艳的热带鱼都能在这边海域出现。

2. 您也可以去索索冲浪涌道（The Soso Passage）和拥有水下洞穴的Naiqoro冲浪涌道（The Naiqoro Passage）潜水，这里的原住民是鳐鱼和鲨鱼。沿坎达武群岛西北还有一些精彩的潜水点，那就是Mamalata珊瑚礁（The Mamalata Reefs），这里也期待着你来探索。

3. 陡峭和隐秘，这两个词最能描述坎达武群岛。坎达武岛西南海岸耸立着838米的华盛顿山（Nubukelevu）高峰。在坎达武岛的热带雨林里拥有许多远足的不错路径，你还会看到水量充沛的瀑布。

4. 坎达武岛东部茂盛的热带雨林里则隐藏着许多珍稀鸟类。探索坎达武群岛，特别适合那些喜欢观鸟的自然爱好者。

5. 在坎达武群岛探秘寻幽，你可能会路过一些偏僻的乡村，遇到很多友好的当地人。如果您想参观这些村庄，你要尊重当地习俗。

● 劳群岛的度假村

● 冲浪

6. 你作为一个背包客，需要带着帐篷参观一次罗图马岛。

7. 400平方公里的海域只是你家的游泳池。在劳群岛的Vanua Balavu岛和Lakeba岛只有一个客栈，这里没有什么游客，如果你来了，你也许不会和任何人的假期雷同。只有极少数富豪与背包客把方圆400平方公里的海域当成自家的游泳池，无论价钱多少，这里都不适合大多数跟团的旅游者。

8. 在劳群岛的贝部岛度假村只有3座斐济传统布瑞草屋别墅，最多只能为6位游客提供服务，其中包括各项活动。这个度假村有自己的飞机跑道，很多来这里的游客是开着私人飞机前来的。

9. 冲浪也精彩。一些最有名的冲浪点在华盛顿海岬（Cape Washington）和坎达武岛西部的Nagigia小岛。这些优秀的海域全年适合冲浪，在这里可以找到5个冲浪点，无论是新手还是职业选手都能在这儿跟汹涌的海浪一较高低。

10. 去莫阿拉岛探索神奇的火山湖。

斐济
十大必做之事

284.E

1 在斐济举行婚礼

在斐济举行婚礼

斐济，拥有美丽的海滩和温暖的热带气候，浪漫的情侣都钟情于这个美丽的岛国。斐济是世界上一流的婚礼和蜜月目的地之一。

对于许多新人来说，在斐济结婚，犹如来到了世外桃源，这是世间最浪漫的地方之一。在这里你既可以选择身着斐济传统服装，在部落原住民舞蹈的伴随下，举办一个具有异国情调的斐济婚礼；当然，你也可以选择举行一个西式的教堂婚礼，斐济有许多美丽的教堂，在碧海蓝天的映托下，陪伴新人的除了鲜花，还有斐济唱诗班宛如天籁一般的歌声。

众多新婚夫妇梦寐以求在斐济举行婚礼。包括比尔·盖茨在内，很多富豪都在斐济举行了婚礼，但这绝不是名人的专享。斐济作为婚礼蜜月胜地，结婚非常方便，这里的工作人员可以处理好你的整个婚礼计划。如果你选择在一个浪漫小岛举办婚礼的话，各家度假村都有精心安排，从启动仪式到完整婚礼每个过程，包括鲜花、香槟酒、花童、花车、化装、摄相服务、唱诗班、牧师、浪漫烛光晚餐等等，每一个环节都会得到他们的精心呵护，你和伴侣只需要享受你们人生中最特别的一天。

申请结婚证书，这些手续仅需15分钟，你在一个工作日内就能解决。在苏瓦、楠迪和劳托卡都有登记处，萨武萨武和塔韦乌尼岛也有注册办事处。在斐济结婚相对简单，没有真正的法律问题，费用是F$20.00。你只需要提供：

-出生证明原件
-您的护照原件
-如果你离婚，那么需要法院判决书
-如果你未满21岁，那么需要你父母同意的函件

斐济的各大酒店和旅行社都向游客提供婚礼配套服务，新人和证婚的神父到当地的婚姻注册处，经注册官核实证件和简单的问话后，可以在指定的时限内领取到“结婚证书”，然后由神父为新人举办婚礼并颁发结婚证。一般旅游者在斐济申领结婚许可证的过程很简单，一小时之内就可办妥。但来自中国等少数几个国家的新人必须提前一个月进行申请。

最简单的办法是，你直接联系你的旅行社或酒店，他们有自己的专门部门负责这些婚礼事宜，你如果不是很在意斐济的注册证书的话，你也可以得到一个你所在酒店或度假村的婚礼证明，其他所有的过程都是一样，包括一个慈祥的神父。

在斐济一些提供婚礼服务的度假村也有一些摄像师提供专业的服务，但费用相对较高。另外大多数度假村还有一些员工积累了很多婚纱摄影的经验。此外，还有专业的摄影师，所有这些都需要您提前预订。

斐济的各大酒店和旅行社有多种配套好的婚礼服务提供给旅游者，其基本的法律程序和仪式过程相同，有意到那儿结婚的朋友，可在各大旅行社代办申请。看来，一场“天堂婚礼”并不是遥不可及的。

在斐济度蜜月

斐济群岛被认为是全球最浪漫的蜜月度假地之一。这里有幽静的海滩和摇曳的棕榈树，伴你度过宁静祥和的夜晚；你还可以在无人居住的小珊瑚岛上享用一顿野餐。这里还有很多可做的事情，比如去珊瑚礁浮潜，探索热带雨林。许多度假村还提供婚礼套餐，价格范围从**F$500-F$2000**不等，套餐包括的内容从司仪安排、鲜花、花环到为客人准备的香槟和烛光晚餐。

斐济是度蜜月的好地方，在岛屿周围有许多精致的海滨度假村可供你选择。放下一切，尽享人生的浪漫时分，你们可以一边品味着烛光晚餐，一边欣赏斐济壮丽的落日。对于那些喜欢冒险的情侣来说，一起在斐济湛蓝的海水下潜水，举行一个独特的水下婚礼，将终身难忘，这里是一个常人无法想象的全新世界。

在斐济将一切交给旅游经理（Tour Managers）来打理

斐济旅游经理公司（Tour Managers）是一个专业的斐济旅游公司，服务面向世界各地的散客、会议、团组与会奖市场，提供范围广泛的专业旅游服务及物有所值的斐济旅游产品。作为一家专业公司，其拥有训练有素的专业管理人员，并拥有超过18年的斐济旅游运营经验，先进的预订系统，专业的车队可以24小时为游客提供服务。目前客户包括美国、英国、加拿大、日本、澳大利亚和中国的主要批发商，并积极为越来越多的中国自助游客人提供去斐济度假、结婚、蜜月和潜水等旅游服务。

总经理Damend Gounder先生长期从事推广斐济旅游的工作，并做出重大贡献。斐济旅游经理团队拥有很多经验丰富的工作人员，他们在总经理Damend Gounder先生的领导下赢得了斐济旅游杰出贡献奖。

今天，斐济旅游经理公司（Tour Managers）为了更好的服务中国游客，在香港往返斐济楠迪的斐济航空（Air Pacific）客机上专门配备了华裔空中乘务员。他们对你的任何问题都会给于帮助，当然你也可以自己在楠迪国际机场斐济旅游经理公司（Tour Managers）的办公室找到答案。在斐济，将一切交给旅游经理（Tour Managers）来打理。Bula!

- **斐济旅游经理公司（Tour Managers）**

地址：Tour Managers P-O-Box 11148 Nadi Airport Fiji Islands
电话：（679）672 8872
传真：（679）672 8866
Email：admin@tourmanagers.com
www.tourmanagersfiji.com

2 南太平洋黑珍珠传奇

■ 传说与现实

我们称为黑珍珠的南太平洋珍珠，是来自从斐济劳群岛一直到法属波利尼亚大溪地一系列珊瑚岛屿中所出产的特产。

在玻利尼西亚的神话中，南太平洋珍珠是由上帝赠给和谐与美丽之神的礼物，他踏着彩虹来到凡境，把此珍珠贝撒向人间。也有传奇说，这些黑珍珠照亮了天宫，它们的形态和光亮也为上苍带来灵感，创造了星星。然后，神把光点带给海洋之神，让他照亮海域。而战争与和平之守护神偷偷把数颗珍珠，送给了心心相映的凡间女子，作为定情之物。在他完成凡间的任务后，他把珍珠贝"Teufi"交给了凡人，以纪念他曾到过尘世。

在中国古代黑珍珠象征着智慧，它被守卫在龙齿之间，散发诱人光泽。但是，谁想要得到它，谁就要先征服巨龙。龙的庞大和神力让人畏惧，所以，能征服巨龙之人一定要有超凡智慧，那样，才配得上黑珍珠。传说，一滴露珠落进海里时，如果正好被一只张开口的海贝接住，就可形成一颗晶莹的珍珠。要是天气不好，灰色天空下的露珠掉进海贝里，形成的就是一颗黑珍珠。

这个传说从15世纪流传至今，让人觉得黑珍珠是天空伤心时的泪，所以颜色深沉凝重，不似普通白色珍珠的轻盈明快。

赤身的采贝者在近三十米深的海中，在常有鲨鱼出没的水域里打捞珍珠时，偶然会发现异常珍贵的天然黑珍珠。但这种发现是非常难得的：每打开15，000只牡蛎才能找到一颗天然珍珠。黑珍珠早在人工养殖前就有了罕有和珍贵的名声。历来各国皇家贵族都喜欢佩戴嵌有黑珍珠的首饰，这使它享有"皇后之珠"和"珠中皇后的美誉"。这种天然黑珍珠中最负盛名的一枚叫Azra，是俄国沙皇御用首饰中一条项链上的中心装饰。

在黑色植核南洋珠成功地投放市场之前，仅有的可用来卖的黑珍珠是很稀少的并且要不是非常昂贵的天然黑珍珠，就是会褪色的日本有核珍珠（珍珠是用硝酸银染黑的），另外还有一小部分的仿黑珍珠。在过去的三十年间，法属波利尼西亚群岛的珍珠养殖开发成功。1976年美国宝石学院认定塔希堤产的养殖黑珍珠是"一种具天然颜色的养殖珍珠"。

当来自南太平洋的黑珍珠频频出现在世界各地的珠宝、时尚、奢侈品秀场上，当传媒将每年的新品黑珍珠传递到世界各地时尚中心后，人们对黑珍珠以及它的故乡，那些美丽的珊瑚礁，更是充满了梦幻般的渴望。

大溪地与黑珍珠

六十年代，由于牡蛎滩出现滥捕现象，法属波利尼亚的天然珍珠濒于绝种，导致采珠作业停顿。一九六一年，人工养殖实验在BoraBora岛上的盐湖开始进行，一九六三年的大丰收证实了于该区发展珍珠养殖业的可行性。之后不少养殖场在Manihi、Marutea、Mangareva各岛上相继建立。养殖珍珠贝的过程很长，而且，因为珍珠贝苗很容易死亡，所以在养殖过程中需要细心培育。

"黑嘴唇"珍珠贝生活在波利尼亚盐湖的珊瑚中，每年定时产下卵子并在水底受精。这些名为蚝卵的贝苗四处蜉蝣一个月，有些粘在珊瑚上生长，而另一些则死亡并被埋进沙里。珍珠养殖人在水底投放采苗附着器来搜集天然繁殖的贝苗，然后用三年时间在水底培养。在这三年中，珍珠贝被细心培育，并需要清洗数次。当珍珠贝育成时便可接受插核施术，其目的是刺激贝体的外套膜做出珍珠质层的分泌物而渐渐形成珍珠。整个过程包括在珍珠贝内植入一个球形珠核及从另外一只珍珠贝取出一小块外膜细胞片，在这之后几年，它可能会把珠核视作入侵物，用珍珠液将它一层一层地包裹起，亦有可能把它排出珍珠贝之外。在收获时必须小心取出珍珠，然后把珍珠贝放回湖中。这个过程看似简单，可是要知道这类软体动物柔软纤弱，每一百只接受抽核施术的珍珠目，只有三十只会产下珍珠，而且其中只有一两颗会成为十全十美

的产品。珍珠在养殖过程容易受当地天气和水质影响，如龙卷风或水温上升。正是这些因素，导致那些不规则形，半不规则形与环状珍珠的形成。也正是因为这样，完美的珍珠十分罕见。养殖人结合二十多年丰富经验，对贝种的精心培养，配合天时地利，使大溪地珍珠的培育得以重新恢复。

在大溪地黑珍珠进入市场的初期，因为市面上早有白珍珠被人工染成黑色或灰色这一现实作为其竞争品，反应并不热烈。但随着美国珠宝协会（Gemological Institute of Aimerica）正式公认大溪地养殖珍珠的天然色泽，国际珠宝首饰同盟协会（CIBJO）开始使用“大溪地人工养殖珍珠”这个商业名称后，它的国际知名度便大为提高。在1977年至1994年间，法属波利尼亚的珍珠出口量由6公斤暴升至2，8l5公斤。与此同时，产品外销价值不断增长。虽然大溪地养殖珍珠销量出人意料的快速发展，但它们的产量还不到全球珍珠产量的百分之一。

大溪地珍珠，有别于日本珍珠及南洋珠，可谓异常珍贵。因为珍珠本身是由一种珍贵的黑碟蚌(一种只限生长于天然、无污染的玻利尼西亚水域的稀有蚌类)养殖出来，其不同程度的灰色中，带有不同的幻彩颜色，因而令这样的珍珠更与众不同。加上其对养殖环境及采珠过程的要求非常严谨，每一百个获殖珠的黑碟蚌，只有五十个能成功培殖出珍珠，当中更只有五颗是完美无瑕的，因此每颗珍珠都珍贵无比。

大溪地养殖珍珠是Pinctada Margaritifera珍珠贝孕育出的晶体。这种贝壳呈黑色，主要生长于法属波利尼西亚的礁湖中。它们厚厚的珍珠层由霰石构成，包含有机物质和碳酸钙。

在法属波利尼西亚只有在当地接受移植的cumingi珍珠贝孕育出的珍珠，才有权在贸易中使用“大溪地养殖珍珠”这个名称。这类珍珠的珍珠层厚度要占表面厚度的80%以上才不会显现出内部胞核。

在斐济如何购买黑珍珠

人工养殖的珍珠先要经过清洗并按等级分类后才交给经销商销售。

● 体积

珍珠的大小以它最短的直径计算.一般珍珠的大小从八毫米至十四毫米不等，甚至十六毫米的也有。 超过十八毫米则是凤毛麟角。到目前为止，纪录中最大的珍珠直径是二十一毫米。

● 形状

精圆的珍珠是公认最美的珍珠，并是众所渴求的精圆珍珠极其罕见，但其他形状的珍珠也别有风采。

● 颜色

塔希堤人工养殖的灰色及黑色珍珠在光的折射作用下具有不同的光泽。最被人欣赏的是孔雀绿、浓紫、海蓝及各种深浅不同的灰色和彩虹色。根据传统美学概念，皮肤白皙的人适合佩戴灰色珍珠，而肤色较深的人则更适合佩戴黑色珍珠。当然这也该考虑其他因素，如眼睛、头发、所穿衣服的颜色。

● 皮光

珍珠的所谓皮光是指它的外观，它的外表是否光滑照人，对光源是否能反应出一种迷人的晕色，这都是衡量皮光的标准。大溪地珍珠透出的光泽恰似一面镜子，直视时能照出人的倒影，而且它有反射光颜色，特别晶莹绚烂。

● 纯洁度

跟其他类别的珍珠一样，大溪地养殖珍珠的价值主要决定于表皮的质量。鉴定珍珠表皮要看它有多少瑕疵，如凹痕、抓痕和花黑点都会降低它的价值。

● 等级类别

被评定为“质量优秀”的珍珠皮光极好，精圆成对称形状，大小、颜色并不作为主要因素考虑。被评定为最具“商业质量”的珍珠，无论大小，颜色，是指那些有中等光泽并有一些不规则表面的珍珠。具有有机污点，或有多处瑕疵，或是珍珠层不够的珍珠，则是没有商业价值的。

● 价值

珍珠的价值取决于品种的形状、颜色和大小是否罕见。按一般惯例，在其条件相等的情况下，颗粒大而精固的黑珍珠是昂贵的，因为它是稀有的。

■ 魔幻与神秘

黑珍珠神秘而稀有，是魔幻和完美的化身。它的质量非凡，它的风格与众不同，最适合衬托具有活力的现代女性。因为它与众不同的个性，所以不容易将它们大量制成首饰，甚至要串成项链也不是那么简单；这就是为什么使用图形及色泽一致的黑珍珠串成的项链，不论长的或贴颈的，价值都极高。尽管需求很大，仅是一双耳坠也极难打造；相比之下，将黑珍珠用于戒指，垂饰就简单一些，这是大溪地出口首饰的一项重要商品。把黑珍珠和钻石及其他宝石放在一起，它便散发出光暗和谐的迷人风韵；它与所有的贵重金属都是很好的搭配，而且永不失去光彩。男士戴上各款以黑珍珠铸造的饰物，如垂饰、领带扣和袖扣，倍感自豪，信心十足。身为南太平洋之瑰宝，黑珍珠为它的主人带来大自然的神秘色彩，令他成为众人欣赏和羡慕的对象。自然的产物，人类的瑰宝！大溪地黑珍珠的拥有者将会细心保护它们，使其不受干燥气候及酸性物质的侵害。

TIP:

黑珍珠的保养

1. 防酸侵蚀：为使珍珠的光泽及颜色不受影响，应避免让珍珠接触酸、碱质及化学品，如香水、肥皂、定型水等。不要佩戴珍珠首饰游泳或洗澡。所以请在化妆之后再戴上你可爱的珍珠。

2. 远离厨房：珍珠表面有微小的气孔，所以不宜让它吸入空气中污浊物质。珍珠会吸收喷发胶、香水等物质。所以切勿穿戴漂亮的珍珠去烫发，在厨房里也要小心。不要穿戴漂亮的珍珠煮菜，蒸汽和油烟都可能渗入珍珠，令它发黄。

3. 羊绒布伺候：每次佩戴珍珠后（尤其是在炎热的日子）须将珍珠抹干净后才放好，就能保持珍珠的光泽。最好用羊皮或细腻的绒布，勿用面巾纸，因为有些面巾纸的磨擦会将珍珠磨损。

4. 不近清水：不要用水清洁珍珠项链。水可以进入珠的小孔内，不仅难于抹干，可能还会令里面发酵，珠线也可能转为绿色。如穿戴时出了很多汗，可用软湿毛巾小心抹净，自然晾干后放回首饰盒。珍珠变黄以后，可以这样补救：用稀盐酸浸泡，可溶掉变黄的外壳，使珍珠重现晶莹绚丽、光彩迷人的色泽。但如果颜色变黄得厉害，则难以逆转。

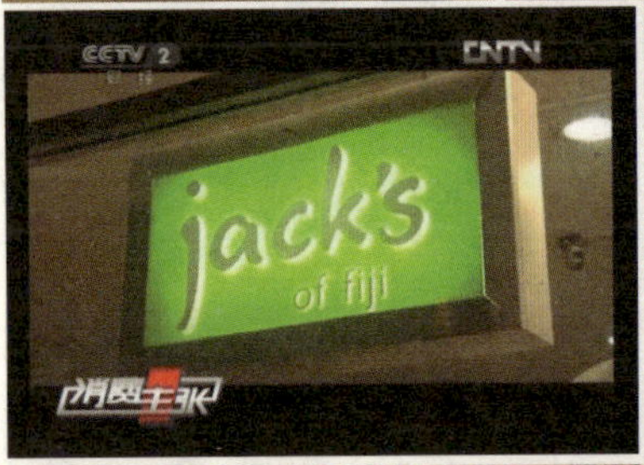
CCTV 2
CNTV
jack's
of fiji

BULA FIJI

3 血拼斐济特色工艺品 尽在Jack's of fiji

带有浓郁斐济特色的商品，斐济木雕，长矛，作战用的棍棒，面具和食人族用的叉子，这些传统的工艺品都非常值得购买。喝卡瓦酒的碗，传统图案的编织垫，也是极好的纪念品。塔帕布、檀香木、椰子肥皂也是可以随身携带回家的纪念品。此外，斐济陶器也值得去购买。斐济在楠迪镇只有3个官方认可的免税大型购物中心，分别是： Jack′s of fiji / Prouds/Tapoo，如果你对购买一些质地优良的陶瓷首饰感兴趣的话，应该去苏瓦的政府传统工艺博物馆看看。

Jack′s of fiji在斐济实力雄厚。创办于1969年，由小型手工艺商店慢慢发展成为今天的大型购物中心。在斐济一共拥有30家分店，有4家大型餐厅。这是斐济政府认可的免税店，并赢得斐济2009年最佳购物目的地。斐济消费者协会官方指定购物中心，斐济旅游局官方指定战略伙伴。商店总部设在楠迪镇，丹娜劳码头、劳托卡、苏瓦都有大型购物中心。在丹娜劳码头有3家餐厅，纳迪镇有一家。主要经营西餐、印度菜、海鲜，还有一家主题餐厅。

●楠迪镇总店

● 斐济黑珍珠

● 椰子油提炼出的护肤产品系列

把斐济浪漫带回家

Jack's Of Fiji 是斐济最早获得斐济最佳购物目的地的零售商。在 Jacks Fiji 你可以找到所以高品质的斐济传统手工艺品，纪念品还有高档珠宝。

本店（Jacks Of Fiji 集团）在斐济成立时间历史悠久，实力雄厚。起于1969年，从一家小型的手工艺商店慢慢发展成今天的大型集团。本公司旗下有4家特色主题餐厅，3家大型购物中心和27家分店，您可以在任何酒店里都可以找到我们的身影。在2004-2005-2009年我们曾获得由斐济旅游局颁发的最佳购物目的地奖，本店也是斐济政府认可的免税商店之一。切记来斐济购物或就餐，认准本店LOGO。相信品牌，相信品质，相信实力！

● 斐济传统的大鼓，在部落时期，酋长都会用敲鼓来召唤所以村民

UGG雪地靴是从1910年开始兴起，在2008年一夜成名开始流行，冬天里UGG雪地靴是每位女士必备的出门装备。本公司是斐济唯一代理UGG的厂家，我们的雪地靴是采用从澳洲纯进口美利奴绵羊毛，做工精美，深受各国女士喜爱。当天预订，隔天出货，送货上门，贴心服务。穿上UGG，时尚潮流从此开始！

Hard Rock CAFE FIJI
SEE THE SHOW FIJI

bone fish
seafood restaurant . port denarau
品尝斐济特色海鲜
ph: 675 0197 Fax: 675 0198

indigo
indian◆asian restaurant & bar
@ Port Denarau
来自印度的美味料理
ph: 675 0026 Fax: 675 0018

mamacita
mexican restaurant and bar
独特的墨西哥风情大餐
@ Worldmark Resort
by Wyndham Denarau Island

● 斐济榛子巧克力

● 斐济特色橄榄球

● 斐济的特色之一，UKELELE.4玄吉他

斐济购物锦囊大招

购物中心（Jack′s of fiji）有专车接送服务。你可以从酒店先去楠迪镇就餐，然后购物。这里均可提供酒店接送服务，车型包括4人私人轿车，12人中面包车，15人大面包车等车辆，全程空调，舒适安心，还可节省您的打车钱。

在斐济，所有游客在离境时购物累计金额过$500FJD，均可退13%的税钱。由商家开退税单，然后在机场退税。

斐济的通用货币为斐济元（斐济 Dollar），以F$表示，可在澳大利亚、新西兰和周边12岛国自由兑换。斐济元与人民币的汇率约为1斐济币=3.5人民币，1美金= 6.4人民币。

在各大购物中心（Jack′s of fiji）刷卡购物，不收取任何手续费。各大商场每天都会有汇率表，顾客须提前看好差价，在斐济强烈建议一定要用银联卡，等于少一个美元兑换的差价，可使用的包括银联双币信用卡，以及带有银联标志的借记卡。

对于想了解斐济工艺品价格的朋友，请先联络官方邮件 jiang@jacksfiji.com 锁定价格，联系电话：9994005；联系人：Victor。

BLACK PEARLS
太平洋珍珠

黑珍珠是南太平洋特产，是非常稀有的高档珠宝之一。黑珍珠的历史悠久，可以追溯到古希腊时期。本店所卖的黑珍珠是100%天然珍珠，经过珠宝大师加工，时尚却不失自然美。让您把这最特别的南太平洋岛屿的礼物带回家。

深海红珊瑚
RED CORAL

众所周知红珊瑚是一种非常稀有的有机宝石，它生长在离我们有2000多米的深海里。红珊瑚色泽喜人，颜色光润，深受国人喜爱。红珊瑚在东方佛典中亦被列为七宝之一，自古即被视为富贵祥瑞之物。目前，有不少以红珊瑚制成的饰品。极受收藏者的喜爱，并且精品红珊瑚增值十分迅速，被收藏界人士所看重。在中国古代，红珊瑚就被视为祥瑞幸福之物，代表高贵权势，所以又称为“瑞宝”是幸福与永恒的象征，也同时被称做大海精灵。

reniu

RENIU产品系列会让您的皮肤无时无刻感受到
斐济大自然的呵护。

jack's
of fiji

诺丽

健康生活每一天

诺丽是一种非常有价值的水果，诺丽历史可以追溯到2000年前。无数年来，斐济当地居民一直服用诺丽果，所以斐济是现在世界公认的无癌国家。诺丽主要作用是清理您的身体内部，治疗高血压，心脏病，中风，肌肉酸痛，消化不良，痛经，肾脏问题。诺丽果的功效是世界个大医疗权威组织验证的，想要了解更多，大家可以自行百度一下。

PURE FIJI

4 拥有天然化妆品——Pure Fiji

经过一千年，在横跨南太平洋的岛屿上，斐济岛民，划着木筏，披星戴月，破风斩浪从一个岛屿到另一个珊瑚礁。在太平洋文明来临之前，在斐济的沙滩上，在后来被探寻新大陆的航道上，伴随他们漂移的还有各种各样美丽的植物。太平洋岛民因自己的美丽而闻名，早期斐济的先人们发现这些充满异国情调的植物具有清洁、软化和保护皮肤与头发的功效。

斐济是现今世界上唯一没有癌症的国家，主因之一就是拥有丰富的负氧离子，以及海岛植被中蕴含的维生素B17，这对防癌具有非常重要的作用。

今天天然斐济(Pure Fiji)为您带来这些结合古老传统与先进技术的天然身体护理体验。

在斐济旅行,很多度假村能提供完整的天然美容疗法。提取独特的斐济植物的精华，手工挑选用品，以保证最高的品质，这些构成了您完美假期的一部分。

温暖的太平洋提供富有异国情调的热带植物，甘蔗、菠萝、木瓜、榴莲和椰子，被斐济人新鲜收获后，在几个小时内进行处理，以保持其新鲜自然的营养物质。还有那些药用和美容的坚果，无不有助于身体的营养滋润和皮肤发质的保护。

这些产品已经远销到世界各地，它是斐济群岛美丽的文化大使。

在太平洋独特的文化环境下，天然斐济(Pure Fiji)本着促进环保的理念与负责任的态度来销售商品。这不仅是为了保护环境，也是一种生活方式。为了达到这个功效，天然斐济(Pure Fiji)设立了各种社区项目，包括促进乡村社区可持续发展的产业政策。天然斐济(Pure Fiji)资助学生奖学金，以帮助在这些社区中学习的孩子们。随着业务的发展,逐渐发展到指导并协助当地妇女开展创业活动，提高她们就业率。

天然斐济(Pure Fiji)这些促进稳定的商业模式还包括通过乡村再就业的项目：如通过生产天然植物提取物，纸张制作和编织篮子等来帮助社区中的人们。

在斐济奇妙的岛屿文化中，追求身体健康、团队精神、家庭和睦，都构成了斐济独特的风景线。

“秋晨的启明星，仅此而已？还有一簇素馨花，仅此而已？一片。又发现振翅飞翔的一只喜鹊。别无他物？一个孩子笑着从母亲怀里扑进外面的阳光。”泰戈尔的诗篇是这样展现的乡村画面。其实在斐济,红色素馨花,已经做为原料成为天然斐济(Pure Fiji)的一部分,有点香水味道的赤素馨花，芬芳艳丽融合异国情调的茉莉、柑桔，栀子花都成为了原料。然而一个海岛度假的回忆,不仅仅如此：

清淡细腻的白姜花 (White Gingerlily)

清新舒缓的杨桃 (Starfruit)

清甜怡人的菠萝（Pineapple）

活力奔放的芒果（Mango）

热情芳香的西番莲（Passion Flower）

浓郁甜美的鸡蛋花（Frangipani）

由于天然化妆品的要求苛刻，所以成本比较高，价格也相对昂贵。全球最知名的天然品牌如jasmin、The Organic Pharmacy、Dr. Dauschka、Aubrey Organics等都未进入中国。

如果说天然只是一个名词，不如说它是一种新的护肤趋势，与时下流行的乐活概念十分相似。天然护理更趋向于以自然手法改善肤质的护理方式，它通过各种有效手段，提升皮肤的天然防护机能，促进皮肤自身修复更新，从而使皮肤变得更加健康美丽。它所代表的，并不仅仅是一种产品，更应该是一种全新的概念，那就是天然斐济（Pure Fiji）。

5 跟着库克船长（Captaincook Cruises）发现斐济

映着落日的余晖，你来到斐济丹娜努港，搭乘库克船长豪华游轮巡游，欣赏南太平洋的秀美风光。库克船长游轮将会带给你轻松愉快的氛围，一流的服务，美味的晚餐和令人惊叹的景色。1.5小时的巡游包括香槟、鸡尾小点、三道菜晚餐，绝对的物有所值。

斐济迷人的丹娜努港连同库克船长游船，以及游船上的你，都将成为一道美丽的风景。库克船长巡游让每一位游客宾至如归，很多知名企业也在游船上举办过晚会。凡是到访斐济的皇族政要、名人明星，都曾跟随库克船长游船巡游，饱览南太平洋的壮丽风光。无论你是从大堡礁到斐济群岛，还是从墨累河到南太平洋，库克船长巡游运营着16艘豪华的高速游轮，雇佣了超过500名船员，是澳洲甚至太平洋上首屈一指的小型游轮的巡游先锋。库克船长巡游凭借超过35年的专业经验为您精心打造一个南太平洋航海梦幻之旅。

• 3晚南部亚萨瓦群岛（Yasawa）游轮之旅行程

→→→周六出发→→→

你将搭乘游轮探访亚萨瓦群岛以南的一些岛屿。在瓦亚岛（Waya），你能眺望亚萨瓦群岛的东海岸和西海岸。陡峭的山脊，蔚蓝的海湾，翠绿的岛屿，壮观的海岸线与连绵起伏的山麓浑然一体。在纳维蒂岛（Naviti），你能俯瞰到经常出现蝠鲼的珊瑚礁潟湖，景色非常壮丽。你还可以去一个迷人的小岛（Viwa），这拥有一些最美丽的海滩、珊瑚礁和潟湖。在你的南部亚萨瓦群岛航海旅行中，你会探访一个传统的村落，参加喝卡瓦酒的仪式，看望小岛上的孩子们。音乐和歌曲是斐济生活的一部分，如果在周日，你可以去教堂，那是一次难忘的经历。游泳、潜水、搭乘玻璃底的游船出海看珊瑚，都是邮轮的日常活动，给你自由自在随心所欲的感觉。

Cabin Categories	Bunk Bed Cabin	Stateroom	Tabua
	Early Booking*	Early Booking*	Early Booking*
Twin	$ 885	$1265	$1765
Single	$1095	$1570	$2615
Triple/Quad	$ 720	n/a	n/a
Child (ages 5-17)	$ 225	$ 310	$ 910

• 4晚北部亚萨瓦群岛（Yasawa）游轮之旅行程

→→→周二出发→→→

你将搭乘游轮探访亚萨瓦群岛以北的一些岛屿。这里的海滩是吸引游客的主要地方，可以浮潜和潜水，珊瑚礁绵延到整个海湾。5月至10月，这里也聚集了很多游艇，他们将Matacawalevu岛和Nanuya岛作为避风港。在山海间，豪华游轮也在此停留过夜。你将到访私人岛屿（Tivua），在那里你可以游泳、浮潜和放松一下，然后参加欢迎晚宴。你将在接下来的四天中，探索岛上的村庄，参观工艺品市场，品位斐济飨宴（Magiti），体验户外烹饪（Lovo）。当你游弋在壮观的亚萨瓦群岛之间，从宁静的蓝色潟湖到雄伟的火山峰，您可领略斐济真正的自然之美，最后船长晚宴将为你的斐济冒险划下完美的句号。

Cabin Categories	Bunk Bed Cabin	State Room	Tabua
	Early Booking*	Early Booking*	Early Booking*
Twin	$1215	$1670	$2330
Single	$1495	$2070	$3470
Triple/Quad	$ 980	$ n/a	n/a
Child (ages 5-17)	$ 285	$ 395	$1195

• 7晚亚萨瓦群岛（Yasawa）游轮之旅行程

→→→周二及周六出发→→→

这个行程主要是将前两个合二为一。

Cabin Categories	Bunk Bed Cabin	Stateroom	Tabua
	Early Booking*	Early Booking*	Early Booking*
Twin	$1880	$2595	$3640
Single	$2335	$3230	$5435
Triple/Quad	$1515	n/a	n/a
Child (ages 5-17)	$ 455	$ 650	$1850

**备注：以上价格最终解释权，请参考其官方网站www.captaincook.com.fj

• 9天6晚亚萨瓦群岛（Yasawa）与楠迪游轮之旅行程

库克船长巡游作为南半球最好的巡游船队，搭乘游轮探索真正的斐济群岛，独特的海景，如人间天堂般的美妙。三小时的南太平洋巡游，享受日落晚餐，观看斐济传统表演。北部斐济巡游AU$1995；3晚斐济巡游AU$900；4晚AU$1200，7晚AU$1995。当然有时候也有很多特价活动，比如，以下的行程，9天6夜发现真实的斐济，其中包括在亚萨瓦群岛（Yasawa）南部3晚巡游（库克船长游轮里住3晚），在楠迪四星级度假酒店住3晚。开始你的游轮旅程，寻觅珊瑚礁，为你带来真正完美的个人体验。一般是先乘坐游轮，回程时候再送到度假村，楠迪唯一的白色沙滩等待着你。价格包含所有的往返航空机票、燃油附加费、税、交通接送、住宿、乘船游览和大部分膳食，一对夫妇才花2000美元.，节省高达30%。

地址：Narewa路15号，斐济

电话：（679）670 1823

传真：（679）670 2045

www.captaincook.com.fj

E-mail: nadi@captaincook.com.fj

6 原来还可以这样买劳力士手表

詹姆斯•邦德（James Bond）、肖恩•康纳利（Sean Connery）戴的是配有黑灰色（NATO）表带的劳力士（Rolex）潜航者型（Submariner）5508，此表被称作詹姆斯•邦德潜航者型（James Bond Submariner）。在《择日而亡》（Live And Let Die）里邦德配备的是能够透过磁力使子弹偏向（或者能脱下衣服）的5513，上面还配有一个外圈钢锯。到了2003年，Omega 的海马（Seamaster）成了詹姆斯•邦德电影中的配角，还因此发行了007纪念版的手表。

今天的斐济已经成为南太平洋旅游胜地，斐济的物价比澳洲和新西兰便宜很多，这里不仅仅是澳洲人度假的后花园，也是购物的好去处，尤其是在免税店买手表。

为什么在斐济买奢侈品便宜呢？以劳力士手表为例，因为美元兑人民币贬值，澳元兑人民币升值，新西兰兑人民币也升值，以前新西兰元与斐济币一样，都是1块钱兑换3.5元人民币，但是现在1新西兰元兑换5点多人民币了，而1斐济币仍然兑换3.51人民币。历史再次重演，当地货币贬值，那么商品交换的度量衡就是黄金，或者说与黄金等价的劳力士了。在有些地区如土耳其、斐济、冰岛，买劳力士（只限金劳），其实就是买一陀金子，一个计时工具和一个牌子，这也算是一种买劳力士的方法吧。

在斐济买劳力士，因为汇率有时候会像冰岛破产时一样，所以价格具有竞争力，不过你要讨价还价一番啊。

鉴别劳力士真假唯一可靠的办法就是将你的手表送到劳力士（Rolex）的服务中心，让他们鉴定并做出官方认定。如果你想买劳力士（Rolex）又不想承担任何买到假表的风险，从授权经销商处买只新表是最妥当的方法。

Model	Description	RRP (FJD)	Special	TAX FREE **
116718LN	Rolex GMT Master II	$ 67,690.00	$ 52,600.00	$ 45,740.00
			特价	退税后的价格

**Please note the above prices are VAT exclusive based on the eligibility for the Tourist VAT Refund Scheme.

雷射全息标识（Accoutrements、Hologram）是一张贴于表背的圆形防伪标识，它的作用是用来显示这只劳力士手表是全新的真品劳力士（Rolex）。它的上面纵横交错的印有劳力士（Rolex）字样，两个词之间还有小点。它是雷射全息片，所以在点光源的照射下能够显示出三维图像。圆片中央印有手表的型号，表面贴有带有红线的透明塑胶薄片。

新劳力士（Rolex）附件：蚝式外包装纸盒、内盒、支撑表的小枕头或者夹子、COSC漆牌、防水标签（Swimpruf hang tag）证明书/COSC证书、说明书、蚝式手册、水鬼（Submariner）另外还有锚。海居者（Sea-Dweller）另外还有锚、表带工具。

TIP:

1. 在这边买劳力士等名表，因为没有什么中国人买，斐济表店也不是瑞士雪山下的表店，更不是什么巴黎老佛爷，这里的人根本不知道香港卖多少钱，会给还的起价的客人一个公道价格。他们不了解涨价情况，这与不让折扣的商家形成了鲜明的对比，唯一相同的是，你要的款式有时候必须等。

2. 在斐济喜来登度假村，楠迪国际机场免税商场，以及斐济太平洋航空公司的航机杂志上都可以找到斐济（Prouds）劳力士专卖店的身影。

3. Prouds Duty Free

楠迪国际机场免税店以及13家Prouds分店分布在主要城市、酒店以及度假村之中。这是斐济购物体验中最值得尊敬的品牌，即使是最挑剔的顾客也会明白看到为什么Prouds楠迪国际机场免税店具有国际知名度：超过2万平方英尺的空间，展示了来自世界各地最知名的品牌。Prouds免税店展示了令人印象深刻的商品，包括珠宝，香水，手表等，并且提供包装和邮寄到任何目的地的服务。

地址：喜来登酒店，丹娜努岛
电话：0011-679-672-2477
传真：0011-679-6750335
www.prouds.com.fj
E-mail：info@dutyfreefiji.com.fj

4. Prouds 在楠迪苏瓦商店

Main Street Nadi；109 Vitogo Parade Lautoka；Level 1 MHCC Mall Thompson Street Suva；Main Street Nausori；Main Street Sigatoka；Suva Central Building Corner of Renwick Road & Pratt Street Suva Fiji.

5. Prouds在酒店及度假村商店

Fiji Beach Resort & Spa（Hilton Fiji）；Outrigger on the Lagoon Fiji；Sheraton Fiji Resort；Shangri-La′s Fijian Resort & Spa；Warwick Fiji Resort & Spa；Westin Denarau Island Resort & Spa.

7 与斐济珠宝（Jewels Fiji）分享瑰丽色彩的珍珠与珊瑚

斐济地处大洋洲与南北美洲海空往来中心，是南太平洋地区的重要交通枢纽。它是南太平洋岛国中经济发展较快的国家，也是南太平洋著名的天然海港。斐济重视发展民族经济，促进投资和出口，逐步发展“高增长、低税收、富有活力”的外向型经济。制糖业、旅游业和服装加工业是其国民经济的三大支柱。对于喜欢珠宝的朋友来说，斐济珠宝业的皇冠是珍珠与珊瑚。

珊瑚的英文名称为Coral，来自拉丁语。古罗马人认为珊瑚具有防止灾祸、给人智慧、止血和驱热的功能。

在中国古代，红珊瑚就被视为祥瑞幸福之物，代表高贵权势，所以又称为“瑞宝”，是幸福与永恒的象征。著名珊瑚鉴赏家周末说：“珊瑚，大海的精灵。”印第安人认为：“贵重珊瑚为大地之母。”从古今中外的历史来看，红珊瑚具有崇高的地位。清朝二品官上朝穿戴的帽顶及朝珠系由贵重红珊瑚制成；西藏的喇嘛高僧多持红珊瑚制成的念珠。现在珍贵的红珊瑚数量稀少，得之不易，特别是高达二尺以上得珊瑚树更为罕见。在当前，珊瑚的重要性也被人们渐渐认识。由于珊瑚的稀有及不可再生性，使它极具收藏价值。天然红珊瑚饰品更受到人们的喜爱。

红珊瑚色泽喜人，质地莹润。红珊瑚属有机宝石，修炼于远离我们100至2000米的深海中。与珍珠、琥珀并列为三大有机宝石，在东方佛典中亦被列为七宝之一，自古即被视为富贵祥瑞之物。天然红珊瑚是由珊瑚虫堆积而成，生长极缓慢，不可再生。斐济红珊瑚受到海域的限制，所以极为珍贵。目前，有不少以红珊瑚制成的饰品极受收藏者的喜爱，并且精品红珊瑚增值十分迅速，被收藏界人士所看重。

斐济土地肥沃，盛产甘蔗，因此又有“甜岛”之称。大多数人谈及斐济首先想起的是蓝天和蓝海。其实斐济还有其他色彩，珍珠是斐济旅游不可错过的珍宝。

珍珠文化源远流长，在中华文明5000多年的历史长河中，有关于珍珠的记载长达4000多年。从秦朝起，珍珠已成为朝廷达官贵人的奢侈品，皇帝已开始接受献珠。东汉桂阳太守文砻向汉顺帝“献珠求媚”，西汉的皇族诸侯也广泛使用珍珠，珍珠成为尊贵的象征。清代《大清会典》记载：皇帝的朝冠上有二十二颗大东珠，皇帝、皇后、皇太后、皇贵妃及妃嫔以至文官五品、武官四品以上官员皆可穿朝服、戴朝珠，只有皇帝、皇后、皇太后才能佩戴东珠朝珠。东珠朝珠由108颗东珠串成，体现封建社会最高统治者的尊贵形象。

《战国策•秦策五》：“君之府藏珍珠宝石。”唐代李咸用《富贵曲》诗：“珍珠索得龙宫贫，膏腴刮下苍生背。”明代宋应星《天工开物•珠玉》：“凡珍珠必产蚌腹……经年最久，乃为至宝。”元代马致远《小桃红•四公子宅赋•夏》曲：“映帘十二挂珍珠，燕子时来去。”清代陈维崧《醉花阴•重阳和漱玉韵》词：“今夜是重阳，不卷珍珠，阵阵西风透。”

在西方文艺复兴时期，名画“维纳斯诞生”惟妙惟肖地描绘了珍珠形成的神话故事：维纳斯女神随着一扇徐徐张开的巨贝慢慢浮出海面，身上流下无数水滴，水滴顷刻变成粒粒洁白的

珍珠，栩栩如生，给人们以美的感受。有史以来，珍珠一直象征着富有、美满、幸福和高贵。封建社会权贵用珍珠代表地位、权力、金钱和尊贵的身份，平民以珍珠象征幸福、平安和吉祥。珍珠的英文名称为Pearl，是由拉丁文Pernulo演化而来的。它的另一个名字是Margarite，则由古代波斯梵语衍生而来，意为“大海之子”。早在远古时期，原始人类在海边觅食时，就发现了具有彩色晕光的洁白珍珠，并被它的晶莹瑰丽所吸引，从那时起珍珠就成了人们喜爱的饰物，并流传至今。

中国的天然淡水珍珠主要产于海南诸岛。珍珠有白色系、红色系、黄色系、深色系和杂色系五种，多数不透明。珍珠的形态以正圆形为最好，古时候，人们把天然正圆形的珍珠称为“走盘珠”。

斐济当地的珍珠颜色颇为特别，不是见惯的珍珠白或黑黑的黑色，而是有绿色、紫色和金黄色，当中又以金黄色的（Fiji Gold）最罕有、矜贵，它是当地驰名的珍珠。斐济珠宝（Jewels Fiji）作为斐济最大的珠宝企业之一，将象征着健康、纯洁、富有和幸福，具有瑰丽色彩和高雅气质的珍珠与珊瑚与您分享。

8 重返蓝色珊瑚礁

——索菲特斐济温泉度假酒店 (Sofitel Fiji Resort & Spa)

索菲特斐济温泉度假酒店（Sofitel Fiji Resort & Spa）之所以出名，大概要归功于两部影片，当年15岁的波姬•小丝以《青春珊瑚岛》一举成名。1991年，兰德尔•克莱泽兰重返斐济塔韦乌尼岛，拍摄了《重返蓝色珊瑚岛》，同样米拉•乔沃维奇也因15岁拍摄此片，而声名鹊起。斐济做为最著名的蜜月度假胜地，连同电影外景地——拉维纳海滩和布马瀑布，已经毫无悬念的得到了欧美年轻人的厚爱。

在斐济过春节，看世界上最早的日出

索菲特斐济温泉度假酒店（Sofitel Fiji Resort & Spa）是丹娜努岛（Denarau）上最适宜的度假酒店，由楠迪国际机场前往只需30分钟即可抵达。

中国新婚夫妇可以在这里享受南太平洋海岛世外桃源般的宁静。这里没有家乐福和必胜客，你要找到最近的餐厅，则需要一名司机和酒店的专车，但是美味的咖喱薄饼绝对让你的大费周章物有所值。也许很多人不知道这里，但这里正具备了蜜月度假最重要的条件之一——隐秘。这里也有一些人们熟悉的面孔，他们都是HBO的大明星。你的邻居是美国《福布斯》杂志的后人，他家就离索菲特斐济温泉度假酒店（Sofitel Fiji Resort & Spa）大概2小时的船程，在夕阳西下的时候，你看到的那条老式双桅帆船也许就能发现一些端倪。

度假村享有迷人的海滨位置，提供独特的海岛休假场所。客人可以使用潟湖式游泳池、日间水疗设施、3间餐厅和一个私人海滩。度假村拥有296间现代客房，均设有私人阳台，也都设

有空调、液晶电视、迷你吧和私人电子保险箱。部分客房享有壮丽的海景。 客人可以尝试如浮潜等水上活动，或在设备齐全的健身中心锻炼。度假村毗邻18洞的Denarau高尔夫俱乐部。Mandara水疗中心在空调按摩亭提供私人水疗护理服务，设有露天淋浴和户外温泉浴池。 您可以一边俯瞰Nadi湾的美景，一边享用烛光晚餐；或者享用客房送餐服务。该度假村设有4间酒吧，您可以在月光下品尝鸡尾酒。

体验珊瑚礁的美丽，过别样的情人节

索菲特斐济温泉度假酒店（Sofitel Fiji Resort & Spa）勾勒的不仅仅是传统。想当初这些追逐财富的冒险家，都是地理大发现的领航者。1643年阿贝尔·塔斯曼，在从汤加返回今天印尼西爪哇的途中发现了塔韦乌尼岛，当时这里全是一望无边的珊瑚礁。今天索菲特国际酒店管理集团将葡萄牙人身上的勇气和优雅，投入到斐济旅游产业之中，并融入了更多的设计元素，而情侣们也可以在索菲特斐济温泉度假酒店（Sofitel Fiji Resort & Spa）周边进行一次真正的探险之旅。

电影《重返蓝色珊瑚礁》就选中了纯净的斐济。玛森林公园（Bouma Forest Park）中的瀑布是电影中相当唯美的一个场景，拉维那（Lavena）海岸铺满白色珊瑚砂与黑色火山岩的景致，也是电影中男女主角所到的无人岛屿背景地。游客可以进行1~2小时的海岸健行之旅，除

了海洋岛屿景观，您还可以穿越森林及拜访部落，这将是一趟深入自然的知性之旅，这些行程都可在酒店前台预约。

中国情侣如何过个别致的情人节呢？浮潜和潜水是最佳的选择，斐济有世界上最著名的潜水点，如武纳礁（Vuna Reef）。这里到处充满着令人眼花缭乱的热带鱼，经过岁月洗涤，仍然茁壮生长的软珊瑚。当你们潜水的时候，你会发现成群的梭子鱼组成了一个海水管道，游过去，这让人想起了最著名的影片《重返蓝色珊瑚礁》的经典片段。如果你幸运的话，你甚至会面对领航鲸。

索菲特斐济温泉度假酒店（Sofitel Fiji Resort & Spa）代表了独特的斐济度假体验，今天中国情侣携手在此度过浪漫的农历新年和情人节焕发了新的内涵，时光印证的不仅仅是古代斐济民族彪悍勇敢的精神，早期航海探险家劈波斩浪的情怀，更是现代人追求低碳、自然、绿色生态旅游的生活方式。

● Sofitel Fiji Resort & Spa
电话：（679）675 1111/（679）675 7777
www.sofitel.com
E-mail：reservations@sofitelfiji.com.fj

9 在斐济打高尔夫球

完美的气候，充满异国情调的岛屿，茂密的植被和激动人心的壮丽景色——斐济，将南太平洋天堂般的度假享受与高尔夫球运动完美的结合在一起。

自辛格（Vijay Singh）在斐济练习高尔夫球起，高尔夫运动已经经历了漫长的成长期。斐济有三个用于世界巡回赛的冠军高尔夫球场，都位于维提主岛。若干小型公共高尔夫球场可以在维提岛周围以及瓦努来雾岛（Vanua Levu）及塔韦乌尼岛（Taveuni）找到。

斐济的许多高尔夫球场拥有众多让人叹为观止的景色——海洋、热带雨林、陡峭的山谷和美丽的澙湖以及周围懒洋洋的白色沙滩，挑战自己的最好方式就是在斐济高尔夫球场里一试身手。

● 珍珠南太平洋港锦标赛高尔夫球场

南太平洋首屈一指的冠军锦标赛球场，秀丽的风景不断的牵引你的视线一直到碧海蓝天。你可以在俱乐部的名人录中看到无数熟悉的身影，场地非常优秀。珍珠南太平洋港锦标赛高尔夫球场是一个标准72杆，18洞的高尔夫球场，占地面积超过6,908码。

• 斐济丹娜努高尔夫球俱乐部

这里是斐济比较昂贵的，当然也是非常高级的高尔夫球场。在丹娜努岛度假村中心，斐济喜来登度假村所在地。

• 斐济苏瓦高尔夫俱乐部

提供优秀的果岭，费用也不贵。这是斐济首都苏瓦居民最喜欢的高尔夫球场，如果你想体验斐济的高尔夫球运动，斐济苏瓦高尔夫球度假村一定不会让你失望，这里还拥有优异的高尔夫度假套餐供你选择。

斐济还有一些酒店和度假村所属的高尔夫球场

• 诺富特度假村高尔夫球场

诺富特有一个9洞高尔夫球场。这是一个具有挑战性的场地，因为它位于一个陡峭的山坡上。果岭费：非住店客人支付F$11；住店客人免费玩。俱乐部租赁：F$11

• 香格里拉酒店高尔夫球场

香格里拉酒店是斐济唯一能够提供Tifton Dwarf果岭的球场。有5杆3洞，双水塘，沙地障碍等等，因此需要更高的精确度。热带气候、宜人风景，度假胜地，慵懒的生活和高尔夫球场构成了斐济的香格里拉——真正的世外桃源。

10 在斐济体验堤畔饕餮游

热爱旅行的广东玩家之间流传着这样的说法：“吃得好比什么都重要。”斐济的饮食变得更加国际化，除了融合欧洲、亚洲和大洋州最佳烹饪经验，还采用本地食材，以及当日的新鲜海鲜，以惊人的想象力烹煮出令老饕们目瞪口呆的佳肴。毫无疑问，享用美味的斐济料理，就如同在斐济群岛畅游一样，称得上是最顶级的味蕾冒险。

我时常想起斐济楠迪的两家餐厅。如今斐济既可以免签证，又能自由行，让喜欢粤菜的我，多了一分对生猛海鲜的期待。在心情平静的时候，我会在海滩上散步，在峰回路转的时候，我会在码头闲逛，对于钟情于南太平洋的游子来说，这里再惬意不过。

我喜欢一个人旅行，尤其羡慕路经丹马锡的元朝旅行家汪大渊，在他的游记中曾记载：“门以单马锡番两山相交，若龙牙门，中有水道以闲之。田瘠稻少，天气候热。兼中国人居之，多椎髻，穿短布衫，系青布捎。”这和在斐济的中国文化何其相似。17世纪随着地理大发

陈氏海鲜酒楼的超大龙虾

- **陈氏海鲜酒楼（Chan's Seafood Restaurant）**

楠迪最好的中餐馆之一，以粤菜生猛海鲜为主，全城最大之华人酒楼，可供300人同时用餐，开放式厨房，豪华VIP包房，免费WIFI。酒楼推荐菜有龙虾两吃，五香海参煲，姜葱螃蟹，海胆海参汤，四川菜也做得不错，石斑鱼火锅更是一绝，一解思乡之情。

营业时间：10.30am-3.00pm 5.30pm-11.00pm

地址： northen press road， martintar, nadi

电话：6727799， 9216921

陈氏海鲜酒楼 (Chan's Seafood Restaurant)

营业时间：10.30am-3.00pm 5.30pm-11.00pm

地址：northen press road，martintar，nadi

电话：6727799， 9216921

现，欧洲人开始探索南太平洋。1643年阿贝尔·塔斯曼，在从汤加返回今天印尼西爪哇的途中发现了斐济。虽然他没有航行到维提岛，但是他发现了瓦努来雾岛和塔韦乌尼岛。这里成为旅途上新的结点，原来却是先贤们的驿站。丝绸、青花瓷、香料，夹着对神秘东方的期盼都从海峡一端飘向印度洋，飘向彼岸的世界。

楠迪其实不大，度假区靠近码头，更像一块飞地，这里通行英语，物价不算便宜，但是海鲜价格对于中国人来说绝对不贵。在中国吃顿粤菜的钱在这能点石斑、海螺、龙虾、螃蟹和酒水了。斐济度假三件事，吃海鲜，游海泳，看夕阳，这让斐济自由行的价钱绝对物有所值。

我更喜欢在楠迪食逛，尤其喜欢去陈氏海鲜酒家（Chen′s Seafood Restaurant）品尝来自广东四邑的美食。陈总厨挂念的却是斐济的石班鱼，他将精选的粤菜与当地食材融汇一堂，行家讲门道，一来食材，二来调料，三来混搭，这的确也是斐济文化的写照。“最大的秘密在于调料，

• 鸿盛海鲜酒家（HongSheng Seafood Restaurant）

地道传统粤菜烹饪，以斐济新鲜海鲜为原料，老板来自广东台山，推荐清蒸龙虾，东星石斑鱼，咖喱螃蟹，台山家乡肉饼。你还可以到市场上买海鲜，请店家加工。

营业时间：11.00am-3.00pm 5.30pm-10.00pm

地址：楠迪镇过了小桥的第一家中餐馆。

电话：6707036

鸿盛海鲜酒家 (HongSheng Seafood Restaurant)

营业时间：11.00am-3.00pm 5.30pm-10.00pm

地址：楠迪镇过了小桥的第一家中餐馆

电话：6707036

像黑胡椒炒蟹，调料是由最早出自鼓浪屿的海堤牌酱油、印度黑胡椒、马来小辣椒混合而成。一定要尝一下斐济东星斑，真正的深海野生，这边没有网箱养殖。”他说到，“东江菜与四邑菜都属于粤菜。从恩平开平到江门三水一带的传统技法曾在这片岛屿上生根，而这里的食材因山海湖泊的原因有别于中国岭南地区，又因为前英属殖民地的关系，烹饪技法上兼容并蓄不同于东南亚港澳。来自印度的丰富香料，使得各民族饮食文化既相互融合，又相得益彰。”

人生贵得适意尔，因思四邑大龙虾。鸿盛海鲜酒家（HongSheng Seafood Restaurant）陈老板最擅长的是做菜，尤其是海鲜。“斐济的海鲜才是真正的生猛，辣椒油是蟹黄炒出来的，斐济螃蟹最搞笑，满桌子跑。还有龙虾，先用姜葱和蒜头冲火爆，接着酱汁焖，辣中带甜、香味浓郁、辛辣够劲，主要是天热不怕坏了。这里的海参是世界上最好的，绝对地道，你一定要尝一下。”这里中午100斐济币（300多人民币）足不出户就能吃遍数种美食，省的满处跑路了。想想看在中国高档粤菜馆吃一个螃蟹要多少钱啊，而鸿盛海鲜酒家大螃蟹，货真价实，难怪很多广东人都来斐济看海吃海鲜呢。我最喜欢吃蟹钳。

斐济自由行让人可以度过一段属于自己的时光，你可以像本地人一样四处走走。其实楠迪更像个离岛。你还可以去它周边旅行，尤其是码头与外岛。返程班机菜牌上你一定要点一瓶斐济啤酒，我太喜欢酒里纯净的味道，就像斐济一样，一丝甘甜在心头。携子之手，与你同程，堤畔饕餮游。